UTB 4267

utb.

Eine Arbeitsgemeinschaft der Verlage

Böhlau Verlag · Wien · Köln · Weimar
Verlag Barbara Budrich · Opladen · Toronto
facultas · Wien
Wilhelm Fink · Paderborn
A. Francke Verlag · Tübingen
Haupt Verlag · Bern
Verlag Julius Klinkhardt · Bad Heilbrunn
Mohr Siebeck · Tübingen
Nomos Verlagsgesellschaft · Baden-Baden
Ernst Reinhardt Verlag · München · Basel
Ferdinand Schöningh · Paderborn
Eugen Ulmer Verlag · Stuttgart
UVK Verlagsgesellschaft · Konstanz, mit UVK/Lucius · München
Vandenhoeck & Ruprecht · Göttingen · Bristol
Waxmann · Münster · New York

Stefanie Pfister / Matthias Roser

Fachdidaktisches Orientierungswissen für den Religionsunterricht

Kompetenzen – Grenzen – Konkretionen

Mit 11 Schaubildern

Arbeitsblätter zum Ausdrucken im A4-Format
unter www.v-r.de/Orientierungswissen_RU

Vandenhoeck & Ruprecht

PD Dr. Stefanie Pfister vertritt die Professur für Evangelische Religionspädagogik an der TU Dortmund. Im Dezember 2014 erhielt sie den Lehrpreis der TU Dortmund für Veranstaltungen bis 60 Personen, für den sie die Studierenden der Fachschaft Evangelische Theologie aufgrund der guten Lehre und Seminare nominierten.
Matthias Roser ist Lehrkraft für besondere Aufgaben und promoviert derzeit an der TU Dortmund.

Online-Angebote oder elektronische Ausgaben sind erhältlich unter **www.utb-shop.de**

Bibliografische Information der Deutschen Nationalbibliothek

Die Deutsche Nationalbibliothek verzeichnet diese Publikation in der Deutschen Nationalbibliografie; detaillierte bibliografische Daten sind im Internet über http://dnb.d-nb.de abrufbar.

Umschlaggestaltung: Atelier Reichert, Stuttgart
Satz: Ruhrstadt Medien AG, Castrop-Rauxel
Druck und Bindung: CPI books GmbH, Ulm

UTB-Band-Nr. 4267
ISBN 978-3-8252-4267-1

Inhalt

1. Einleitung

Anlass für dieses Studienbuch war die intensive Beschäftigung mit der Frage: „Wie komme ich von einem theologisch wichtigen Inhalt zu einem religionsdidaktisch reflektierten Unterricht?“ Sie wurde in vielen religionspädagogischen Seminaren an der TU Dortmund immer wieder gestellt.

In der praktischen Umsetzung z.B. in der Schule werden zwar oft gute allgemeine didaktische Prinzipien umgesetzt, doch es stellen sich folgende Fragen: Wie begründet sich z.B. ein ambitioniert gestalteter Stationenlauf zum Thema *Trinität*? Und ist diese Methode auch dem Thema angemessen? Welche fachdidaktischen Modelle passen zu welchem Thema am besten? Welche Methoden ergeben sich aus einem bestimmten fachdidaktischen Ansatz? Kurz: Wie kann ich die Aspekte *Thema* bzw. *Inhalt – Fachdidaktische Orientierung – Methoden* miteinander verknüpfen?

Themen des Buches

Die **Fachdidaktik Religion** ist zunächst wie alle Fachdidaktiken eine „Spezialwissenschaft [...], die theoretisch umfassend und praktisch folgenreich die Voraussetzungen, Möglichkeiten, Folgen und Grenzen des Lernens und Lehrens [...] erforsch[t] und strukturier[t].“[1] Hinzu tritt nun die Besonderheit der Religionspädagogik als einem Fach zwischen Theologie und Pädagogik: Die Inhalte des schulischen Religionsunterrichts als Bereich der Religionspädagogik, die jeweiligen zu fördernden Kompetenzen, die fachdidaktischen Ansätze, die didaktischen Prinzipien, Methoden und Medien sind sowohl theologisch als auch pädagogisch zu verantworten.[2] Die Fachdidaktik für den schulischen Religionsunterricht bezieht sich zudem besonders auf die konfessionell bestimmte, hier

1 Werner Jank/Hilbert Meyer: Didaktische Modelle, Berlin 9, 2009, 9. Auflage, 31.
2 Vgl. Christian Grethlein: Fachdidaktik Religion. Evangelischer Religionsunterricht in Studium und Praxis, Göttingen 2005, Vorwort.

Evangelische Religionsdidaktik. Dennoch können die vorgestellten fachdidaktischen Ansätze auch für den Katholischen Religionsunterricht und dessen Themen angewandt werden.

Die **fachdidaktische Orientierung** ist die Schaltstelle zwischen dem Unterrichtsgegenstand/Gehalt/Thema und den Methoden und Medien. Sie soll nicht „künstlich", sondern gegenstandsorientiert sein bzw. aus dem Gegenstand selbst erwachsen. Zugleich bietet sie ein Instrumentarium mit Begriffen, Kategorien, Perspektiven oder Fragen zur Strukturierung des Unterrichtsgegenstandes und hilft damit bei der Analyse, Planung und Auswertung von Unterricht.

Auch wenn eine Vielzahl an religionspädagogischen Konzeptionen, Modellen und Ansätzen in der Fach- und Studienliteratur beschrieben werden, gibt es doch selten konkrete Hinweise, wie man einen bestimmten Unterrichtsgegenstand mit einem fachdidaktischen Ansatz und angemessenen Methoden verknüpfen kann.

Ebenso ist die Begriffsvielfalt in der Fachdidaktik Religion verwirrend: So werden neben den religionspädagogischen Konzeptionen auch didaktische Strukturen und Dimensionen[3], fachdidaktische Prinzipien[4], Organisationsformen, Ansätze und Lernformen[5] genannt. Zudem gibt es Bezeichnungen wie „Label, Programm und Praktik"[6], „Paradigma"[7], Modelle etc., wobei die Begriffe oftmals synonym gebraucht werden.

3 Zwischen Konzeptionen, didaktischen Strukturen und Dimensionen wird unterschieden in: Peter Biehl/Martin Rothgangel: Hat die Rede von Konzeptionen noch ihr Recht?, in: Horst Rupp/Reinhard Wunderlich/Manfred L. Pirner (Hrsg.): Denk-würdige Stationen der Religionspädagogik, Jena 2005, 427–442.

4 Zwischen Konzeptionen, Dimensionen und Prinzipien wird unterschieden in: Christina Kalloch/Stephan Leimgruber/Ulrich Schwab: Lehrbuch der Religionsdidaktik. Für Studium und Praxis in Ökumenischer Perspektive, Freiburg im Breisgau 2009.

5 Zwischen Konzeptionen, Organisationsformen, Ansätzen und Lernformen unterscheidet Rudolf Englert: Bloß Moden oder mehr? Ein systematischer Überblick über die Konzeptionen des Religionsunterrichts der vergangenen Jahre, in: KatBl 136 (2011), 296–303.

6 Gerhard Büttner: Die Kindertheologie und die Theologie, JBKTh 11 (2012), 11f. Vgl. auch zum Begriff des „Programms«: Veit-Jakobus Dieterich (Hrsg.): Theologisieren mit Jugendlichen. Ein Programm für Schule und Kirche, Stuttgart 2012.

7 Anton A. Bucher: Kindertheologie: Provokation? Romantizismus? Neues Paradigma?, in: Ders. u.a. (Hrsg.): „Mittendrin ist Gott". Kinder denken nach über Gott, Leben und Tod, in: JBKTh 1 (2002), 9–27.

Bernhard Grümme, Hartmut Lenhard und Manfred Pirner bevorzugen die Begriffe „Ansätze und Perspektiven“[8], welche auch für die gegenwärtigen fachdidaktischen Überlegungen im vorliegenden Buch übernommen werden. Diese Begriffe verweisen auf die „Reichweite“ und Begründungen der Überlegungen, die sich in den jeweiligen Bezeichnungen widerspiegelt.[9]

Auch Joachim Kunstmann hält die jeweiligen Begründungsstrukturen in ihrer Auswirkung für relevant: „Wenn einzelne Begründungen für religiöses Lernen zur Idee hinter einem größeren Zusammenhang werden, der auch weitere Rahmenbedingungen bedenkt, dann sprechen wir von einer **Konzeption**“.[10] Daher gelten religionspädagogische Konzeptionen – nach Grümme, Lenhard und Pirner –:

> „als umfassend in Theorie und Praxis von der Religionsdidaktik ihrer Zeit geprägt, lokalisieren sich im Raum einer bestimmten theologischen und pädagogischen Strömung, haben bestimmte institutionelle wie organisatorische Auswirkungen auf den Religionsunterricht, setzen ein bestimmtes Lehrer- und Schülerbild voraus und prägen so Lehrpläne, Religionsbücher und Unterrichtspraxis. Zudem spiegeln sie auch gesellschaftliche Konstellationen und kulturelle Trends.“[11]

Oft sind Konzeptionen „historisch [...] erst im Nachhinein erkennbar“.[12]

Beispiele für religionspädagogische Konzeptionen sind: die Evangelische Unterweisung, der Hermeneutische Religionsunterricht, der Thematisch-problemorientierte Religionsunterricht, die Korrelationsdidaktik etc. Auch die Symboldidaktik wird den religionspädagogischen Konzeptionen zugeordnet, wird aber zugleich – insbesondere in ihrer Erweiterung zur Symbolisierungs- und Zeichendidaktik – als fachdidaktischer Ansatz oder Perspektive genutzt (vgl. Kapitel 4.1 und 4.2).

Die Auseinandersetzung mit den historischen religionspädagogischen Konzeptionen kann Religionspädagogen helfen, gängige Methoden des Religionsunterrichts auch historisch zu kontextualisieren: z.B. lassen sich

8 Bernhard Grümme/Hartmut Lenhard/Manfred Pirner: Religionsunterricht neu denken? Zur Einführung, in: Bernhard Grümme/Hartmut Lenhard/Manfred Pirner (Hrsg.): Religionsunterricht neu denken. Innovative Ansätze und Perspektiven der Religionsdidaktik, 11.

9 Vgl. Grümme/Lenhard/Pirner: Religionsunterricht neu denken?, 9–13.

10 Joachim Kunstmann: Religionspädagogik. Eine Einführung, Tübingen/Basel 2004, 49.

11 Grümme/Lenhard/Pirner: Religionsunterricht neu denken?, 10–11.

12 Kunstmann: Religionspädagogik, 49.

die Methoden Singen, Beten und Erzählen der Konzeption der Evangelischen Unterweisung zuordnen, die Methode der historisch-kritischen Exegese dem Hermeneutischen Religionsunterricht, sämtliche Methoden zur Gesprächsführung dem Thematisch-problemorientierten Religionsunterricht und die Bildbetrachtung der Symboldidaktik etc. Dabei müssen jedoch weder die Ziele noch die Begründungsstrukturen der jeweiligen historischen Konzeptionen übernommen werden.

Zugleich können diese Methoden auch wiederum anderen Konzeptionen zugeordnet werden. So lässt sich Singen, Beten und Erzählen auch dem performativen Unterricht zuordnen. Wichtig ist, dass der Lehrkraft der Unterschied bewusst ist, ob das Singen genutzt wird, um »Kirche in der Schule« zu etablieren (wie in der Evangelischen Unterweisung) oder als Probehandeln (wie im Performativen Unterricht). Hierfür bietet die Fachdidaktische Orientierung den Rahmen.

Daher bleibt das Wissen um die Konzeptionen weiter wichtig, um die gegenwärtigen religionsdidaktischen Ansätze und Perspektiven, die oftmals eine Weiterentwicklung oder Modifizierung der Konzeptionen darstellen, nachvollziehen zu können. Zudem zeigt sich besonders in der Praxis, dass die verschiedenen Konzeptionen bzw. fachdidaktischen Ansätze und Perspektiven oft ineinander übergehen und eher komplementär als gegensätzlich zu verstehen sind.

Religionsdidaktische Ansätze und Perspektiven befinden sich „einerseits unterhalb des Niveaus der Konzeptionen und andererseits oberhalb des Niveaus der Lernformen“[13] und markieren damit die Schaltstelle zwischen Inhalt und Methoden. Religionsdidaktische Ansätze und Perspektiven nehmen die Problemlage, z.B. mit der Kritik an anderen Perspektiven, auf und können flexibel auf „die vielfältigen, je konkreten Anforderungen des religionsdidaktischen Praxisfeldes reagieren“[14] und den Umgang mit gegenwärtigen Herausforderungen – wie Inklusion und zunehmender Konfessionslosigkeit der SchülerInnen – markieren. Daher nehmen sie „sehr grundsätzlich die Fundamente und das Ganze religiöser Bildung und Erziehung in den Blick“[15] und bieten „fachliche Rahmenkonzepte“[16].

13 Grümme/Lenhard/Pirner: Religionsunterricht neu denken?, 11.

14 Ebd.

15 Ebd.

16 Rudolf Englert: Religionsdidaktik wohin? Versuch einer Bilanz, in: Grümme/Lenhard/Pirner (Hrsg.): Religionsunterricht neu denken, 247–258, hier 247.

Auch wenn die jeweiligen Ansätze durch eine bestimmte strukturierende Richtung gekennzeichnet sind, können sie gut mit anderen Perspektiven korrelieren (z.B. die elementarisierende mit der kindertheologischen Perspektive).

Fachdidaktische Perspektiven bilden somit ein Instrumentarium, durch das man ein entsprechendes Thema für eine bestimme Lerngruppe adäquat aufbereiten kann und „lassen sich eigentlich auf jedes mögliche religionsunterrichtliche Projekt oder Thema applizieren". Englert weist aber auf die Problematik hin, dass diese Ansätze „keineswegs mit allem, was hier denkbar ist, gleichermaßen gut vereinbar sind."[17] Chancen und Grenzen der jeweiligen Perspektiven im Hinblick auf verschiedene Themen werden im vorliegenden Buch aufgezeigt und können mit den Übungsblättern eingeübt werden.

Beispiele für religionsdidaktische Ansätze und Perspektiven sind: die bereits genannte Symbolisierungs- und Zeichendidaktik, die Performative Religionsdidaktik, die Konstruktivistische Religionsdidaktik und rezeptionsästhetisch orientierte (bibel-)didaktische Ansätze wie das Tübinger Elementarisierungsmodell, die Kinder- und Jugendtheologie.[18]

Aus religionsdidaktischen Ansätzen ergeben sich verschiedene didaktische und methodische Prinzipien. Didaktische Prinzipien stellen „theoretisch geklärte Regularien und Gesetzmäßigkeiten des Lernens und Lehrens dar"[19], die sich im Religionsunterricht aus einem fachdidaktischen Ansatz unmittelbar ableiten lassen, wie die Schülerorientierung von der elementarisierenden Perspektive und die Inszenierung von „Probeaufenthalten in religiösen Welten" von der Performativen Religionsdidaktik.

Im vorliegenden Buch wird nicht zwischen „theologisch" begründeten oder allgemeinen didaktischen Prinzipien unterschieden, weil sich

17 Ebd.

18 Rudolf Englert kategorisiert weiter zwischen *grundlegenden Religionsdidaktiken* (z.B. Elementarisierung), die als „fachliche Rahmenkonzepte" einsetzbare Instrumentarien darstellen, *pointierten Religionsdidaktiken*, die als Re-Interpretation von „Muttertheorien" wahrgenommen werden (wie die Symbolisierungs- und Zeichendidaktik) und *dimensionalen Religionsdidaktiken* die eine bestimmte Dimension religionspädagogischer Arbeit betonen, wie z.B. das interkulturelle Lernen oder das Lernen an und mit Medien, aber auch die Performative Religionsdidaktik, Kinder- und Jugendtheologie. Dies wird bei der Darstellung der einzelnen religionsdidaktischen Ansätze berücksichtigt, indem auf die konzeptionelle Reichweite jeweils bei den Chancen und Grenzen Bezug genommen wird.

19 Werner Jank/Hilbert Meyer: Didaktische Modelle, 306.

lediglich in der historischen Religionspädagogik theologische Begründungsstrukturen von Didaktik und Methodik aufzeigen lassen (z.B. bei Comenius resultierte das didaktische Prinzip der Anschauung aus der Pansophie, bei Francke das didaktische Prinzip der Applikation aus dem Pietismus). Doch gegenwärtige pädagogische Begründungsmuster, didaktische und methodische Prinzipien kommen ohne theologische Begründungen aus.[20] Folgende didaktische Unterrichtsprinzipien lassen sich von den verschiedenen fachdidaktischen Ansätzen ableiten: Offener Unterricht, Handlungsorientierung, Schülerorientierung, Ganzheitlichkeit, Selbsttätiges Lernen, Erfahrungsbezogener Unterricht, Projektunterricht, Exemplarisches Lernen, Wissenschaftspropädeutischer Unterricht, Didaktische Reduktion, Entdeckendes Lernen; zudem die didaktischen Prinzipien für einen inklusiven Religionsunterricht wie Individualisierung, Differenzierung oder Kooperatives Lernen.

Aus den didaktischen Prinzipien lassen sich wiederum methodische Prinzipien ableiten, die jedoch nicht nur als „praktische Konsequenzen“ erfasst werden, sondern darüber hinaus als „Formen und Verfahren, in und mit denen sich LehrerInnen und SchülerInnen die sie umgebende natürliche und gesellschaftliche Wirklichkeit unter institutionellen Rahmenbedingungen aneignen.“[21] So lässt sich die Methode des Texttheaters oder des Bibliologs dem didaktischen Prinzip des „Probeaufenthalts in religiösen Welten“ zuordnen. Weitere Methoden[22] können zwar charakteristisch für den Religionsunterricht sein wie Erzählen, Singen, Entspannungsübungen, Memorieren, liturgische Elemente, aber auch hier wird nicht von allgemeinen methodischen Prinzipien unterschieden:

20 Vgl. zur theologischen Begründung didaktischer und methodischer Perspektiven in historischer Hinsicht: Stefanie Pfister: Religion an Realschulen. Eine historisch-religionspädagogische Studie zum mittleren Schulwesen (APrTh, Bd. 58), Leipzig 2015.

21 Vgl. Hilbert Meyer: Unterrichtsmethoden, I. Theorieband, Berlin 2013, 46. Obwohl didaktische Prinzipien stets auch methodische Prinzipien nach sich ziehen (vgl. dazu insgesamt Jank/Meyer: Didaktische Modelle, bes. 267 und 293), werden in dem vorliegenden Handbuch die didaktischen von den methodischen Prinzipien getrennt dargestellt. Sonst könnten z.B. Methoden, die sich nicht direkt aus didaktischen Prinzipien ergeben, bei einer zusammenfassenden Darstellung nicht erfasst werden.

22 Vgl. Christian Grethlein: Methodischer Grundkurs für den Religionsunterricht. Kurze Darstellung der 20 wichtigsten Methoden im Religionsunterricht der Sekundarstunde 1 und 2, Leipzig 2007, 2. Auflage, sowie Gottfried Adam/Rainer Lachmann (Hrsg.): Methodisches Kompendium für den Religionsunterricht 1 und 2, 5. und 3. Aufl. Göttingen 2010.

Rollenspiele, Bildbetrachtungen, Malen, Textarbeit, Vorlesen, verschiedene Formen des Unterrichtsgesprächs, Lehrervortrag, Exkursion, Standbilder, szenisches Spiel, Planspiel, Wochenplanarbeit, Experimente, Schreibgespräch, Feedback-Methoden etc.

Gegenwärtig zeigt sich das professionelle Lehrerhandeln darin, nicht nur eine Vielzahl von religionsdidaktischen Ansätzen und Perspektiven – innerhalb der fachdidaktischen Orientierung – zu kennen, sondern auch um deren Chancen und Grenzen zu wissen, sich zuzutrauen fachdidaktische Ansätze zu modifizieren und zu gestalten und damit eine eigene fachdidaktische Kompetenz – im Sinne einer „wisdom of practice"[23] – je nach Unterrichtsgegenstand und Lerngruppe zu erwerben.

Aufbau des Buches

Es werden zunächst Kriterien für rechtlich, pädagogisch und theologisch verantwortbare **fachdidaktische Ansätze und Perspektiven** vorgestellt (Kapitel 2).

Es schließen sich Kriterien für die **Sachanalyse** in der Unterrichtsvorbereitung zur Bearbeitung eines theologischen Themas an. Zudem wird beschrieben, wie begründete Schwerpunkte innerhalb der Sachanalyse gebildet werden können (Kapitel 3).

Anschließend stellen die Autoren eine **strukturierte Analyse gegenwärtiger fachdidaktischer Ansätze und Perspektiven** vor (Kapitel 4). Dies geschieht in einheitlicher Darstellungsweise in vierzehn Schritten:

- Charakterisierendes Zitat
- Arbeitsfragen zum Überprüfen der Kriterien
- Problemlage des fachdidaktischen Ansatzes
- Ziele
- Konzeptioneller Schwerpunkt
- Schaubild/Grafik
- Didaktische Prinzipien
- Methodische Prinzipien

23 Lee S. Shulman: The wisdom of Practice, Essays on teaching, learning, and learning to teach, San Francisco 2004; Rainer Bromme: Kompetenzen, Funktionen und unterrichtliches Handeln des Lehrers, in: Franz E. Weinert (Hrsg.): Psychologie des Unterrichts und der Schule. Enzyklopädie der Psychologie Serie I, Bd. 3, Göttingen 1997, 177–212, hier: 199.

- Kompetenzerwerb
- Konkretion anhand eines Beispielthemas
- Chancen
- Grenzen
- Chancen/Grenzen im Hinblick auf inklusive Klassen
- Eignung für Schulstufen

Die Auswahl der hier vorgestellten fachdidaktischen Perspektiven begründet sich durch die in Kapitel 2 vorgelegten Kriterien sowie durch die in Seminaren und in der Schule erprobten religionspädagogischen Umsetzungsmöglichkeiten.[24]

Jeder fachdidaktische Ansatz wird hinsichtlich der ihn auszeichnenden Perspektiven hinsichtlich eines möglichen Kompetenzerwerbs im Religionsunterricht dargestellt. Das Referenzkriterium bilden dabei die Kompetenzen religiöser Bildung, wie sie vom Comenius-Institut formuliert und in den Orientierungsrahmen der EKD sowie in die Lehrpläne der einzelnen Bundesländer übernommen wurden.

In jedem Kapitel wird zudem aufgezeigt, wie sich aus dem fachdidaktischem Ansatz selbst und dessen didaktischen Prinzipien ein Instrumentarium konstruieren lässt, das für die Unterrichtsplanung hilfreich genutzt werden kann. Verdeutlicht wird dies anhand eines Beispielthemas. Anstelle eines gleich bleibenden Unterrichtsbeispiels für alle Ansätze, wird hier ein breites Spektrum an Unterrichtsthemen aufgezeigt. Aufgrund ähnlicher didaktischer Vorgehensweisen in unterschiedlichen Perspektiven wäre sonst inhaltlich Identisches aufgeführt worden, z.B. die exegetischen Grundlagen bei den *elementaren Strukturen* der Elementarisierung und innerhalb der kindertheologischen Perspektive („Theologie für Kinder").

Im letzten Kapitel des Buches (Kapitel 5) stehen Übungsaufgaben zu allen fachdidaktischen Ansätzen und Perspektiven für die Seminararbeit oder für das Selbststudium bereit. Sie sind unter dem auf der Titelseite angegebenen Link auch im A4-Format als Arbeitsblätter ausdruckbar.

24 Es erfolgt keine Unterteilung nach hermeneutisch oder rezeptionsästhetisch orientierten fachdidaktischen Ansätzen, da mittlerweile sämtliche Ansätze Hermeneutik und Rezeptionsästhetik miteinander verbinden.

2. Kriterien einer fachdidaktischen Orientierung

1. Der fachdidaktische Ansatz erlaubt sowohl den Lehrkräften als auch den SchülerInnen die Einnahme einer Innen- und einer Außenperspektive. Unter Beachtung der Innen- und der Außenperspektive kann das Kennenlernen christlicher Lebenspraxis ermöglicht werden.

Der Marburger Religionspädagoge Bernhard Dressler betont die Notwendigkeit der Einnahme einer Innen- und einer Außenperspektive im schulischen Religionsunterricht. Eine Differenzkompetenz könne weder mit der „Beschränkung auf eine religiöse Binnenperspektive" noch mit der „Abblendung zugunsten einer bloßen Außenperspektive"[1] ausgebildet werden.

Andere Weltzugänge und Weltdeutungen können aufgegriffen und in einen übergreifenden Sinnzusammenhang gestellt werden, so Dressler:

> „Religiöse Bildung, die über Religion nur informiert, ohne deren Leistung für diese Verbindung von Weltdeutung und Daseinshermeneutik zu verstehen zu geben, unterbietet die Bedeutung von Religion so weit, dass damit nicht nur ein unzureichendes, sondern geradezu falsches Verständnis von Religion vermittelt wird."[2]

Eine fachdidaktische Orientierung für den Religionsunterricht hat sich daher – unter Wechselwirkung und Beachtung der Außen- und der Innenperspektive – von drei Fehlinterpretationen abzugrenzen:

- Es geht nicht darum, dass ein fachdidaktisches Modell zur Planung von Unterricht mit dem Ziel eines christlichen Bekenntnisses führt und keine kritische Prüfung des Selbstverständnisses beinhaltet (nur

---

1 Bernhard Dressler: Inkonsistenz und Authentizität. Ein neues religiöses Bildungsdilemma? Bildungstheoretische Überlegungen zu Armin Nassehis religionssoziologischen Beobachtungen, in: Zeitschrift für Pädagogik und Theologie 64 (2002) 2, 10.

2 Ebd., 1. Dressler versteht dabei nun die Möglichkeit, dass „das Gottesverhältnis eine Lebensgeschichte auch unter Bedingungen einer funktional ausdifferenzierten modernen Gesellschaft tragen und begleiten kann."

Innenperspektive). Im Religionsunterricht geht es nicht um eine potenzielle Glaubensentwicklung, sondern Unverfügbares kann unverfügbar bleiben.

- Ebenso wenig geht es darum, dass man im Religionsunterricht mithilfe eines fachdidaktischen Ansatzes nur religionskundlich vergleicht (nur Außenperspektive).
- Auch das Bestreben, kirchliche Bezugs- und Berührungspunkte des Religionsunterrichts zu vermeiden und im Religionsunterricht kein Kennenlernen christlicher Lebenspraxis zu ermöglichen, ist eine Fehlinterpretation.

Fachdidaktische Ansätze können besonders die gelebte, christliche Lebenspraxis gut aufgreifen, z.B. die Performative Religionsdidaktik. Lehrkräfte des konfessionellen Religionsunterrichts nehmen dabei die notwendige Innenperspektive – als konfessionelle (und von der Wahrheit überzeugte) Lehrkraft – ein. Mit dem Bezug auf die eigene Konfession sind eine existenzielle Auseinandersetzung und das intensive und gründliche Kennenlernen der eigenen Konfession möglich. Dies sollte ein adäquates fachdidaktisches Modell ermöglichen.

Zugleich nehmen die Lehrkräfte die Außenperspektive, z.B. in der (Schul-)Öffentlichkeit und beim Beobachten ihrer Handlungen ein. Der Wechsel zwischen Innen- und Außenperspektive ermöglicht dann das kritisch-konstruktive Prüfen und Beurteilen der eigenen Konfession und der eigenen Handlungen. Wichtig ist dabei eine „transparente Positionalität“[3]. Dies kann in der Schule mit Schleiermachers Worten einen „religiösen Gedankenerzeugungsprozess“ im Diskurs mit Vertretern anderer Konfessionen und Religionen bewirken. Ein entsprechendes fachdidaktisches Modell sollte diesen religiösen Gedankenerzeugungsprozess unterstützen.

2. Der fachdidaktische Ansatz spiegelt die gemeinsame Verantwortung von Staat und Kirche für den konfessionellen Religionsunterricht wider. Im konfessionellen Religionsunterricht ist sowohl die Rede über Religion als auch die eigene religiöse Sprache möglich.

Das Fach Religionsunterricht ist in der Bundesrepublik Deutschland als einziges Unterrichtsfach ins Grundgesetz aufgenommen. Mit Aus-

3 Bernd Schröder: Religionspädagogik, Tübingen 2012, 534.

nahme von Berlin, Bremen[4] und Brandenburg wird der Religionsunterricht in Deutschland nach Artikel 7 Absatz 3 GG erteilt: als „ordentliches Unterrichtsfach“, „unbeschadet des staatlichen Aufsichtsrechtes [...] in Übereinstimmung mit den Grundsätzen der Religionsgemeinschaften“.

Am evangelischen Religionsunterricht nehmen auch SchülerInnen anderer Religionen teil.[5] Auch das Bundesverfassungsgericht bestimmte 1987:

> „Die geordnete Teilnahme von Schülern einer anderen Konfession am Religionsunterricht ist daher verfassungsrechtlich unbedenklich, solange der Unterricht nicht seine besondere Prägung als konfessionell gebundene Veranstaltung verliert“.[6]

Die römisch-katholische Kirche betont dagegen die konfessionelle Homogenität und verweist auf die Trias von römisch-katholischen LehrerInnen, SchülerInnen und Inhalten.[7]

Der konfessionelle Religionsunterricht[8] an der öffentlichen Schule stellt insgesamt eine gemeinsame Angelegenheit (res mixta) einerseits des Staats dar, der den äußeren Rahmen bietet und das Fach reglementiert (deutlich in der Ausbildung, Bezahlung, Dienstaufsicht, Zeittakt des Unterrichts, Notengebung), sowie andererseits der Religionsgemein-

---

4 Vgl. „Religionsunterricht oder nicht? Der Biblische Geschichtsunterricht im Lande Bremen“, in: Jürgen Lott (Hrsg.): RELIGION – warum und wozu in der Schule? Weinheim 1992, 81–102.

5 Der evangelische Religionsunterricht ist zwar nur für Schüler der entsprechenden Konfession verfasst, dennoch hat die EKD bereits 1974 für die Schüler der Sek. II die Möglichkeit eröffnet, auch am Religionsunterricht des anderen Bekenntnisses teilzunehmen. Vgl. Entschluss des Rates der Evangelischen Kirche in Deutschland zum Religionsunterricht in der Sekundarstufe II vom 19. Oktober 1974, in: Kirchenamt der EKD (Hrsg.): Bildung und Erziehung. Die Denkschrift der Evangelischen Kirche in Deutschland Band 4/1, Gütersloh 1987, 89ff. Zudem wurde 1994 der evangelische Religionsunterricht sämtlicher Schulstufen für SchülerInnen aller religiösen Orientierungen geöffnet. Vgl. EKD (Hrsg.): Identität und Verständigung, Gütersloh 1994, 66.

6 Beschluss des Bundesverfassungsgerichts vom 25.2.1987.

7 Vgl. Schröder: Religionspädagogik, 300.

8 Mit dem Begriff „konfessioneller Religionsunterricht“ beziehen sich die Autoren zwar insbesondere auf den konfessionell-christlichen Religionsunterricht, doch der Passus „in Übereinstimmung mit den Grundsätzen der Religionsgemeinschaften“ ermöglicht es theoretisch, dass alle Religionsgemeinschaften Unterricht in ihren jeweiligen konfessionellen Ausprägungen erteilen könnten, wenn bestimmte Voraussetzungen erfüllt sind: „Gewähr der Dauer“, Definition von Grundsätzen, Akzeptanz des Grundgesetzes, ausreichend SchülerInnen, gestellter Antrag an den Staat. Vgl. Schröder: Religionspädagogik, 302.

schaften, welche gewährleisten, dass die Inhalte des Religionsunterrichts mit ihren Grundsätzen übereinstimmen: Dies zeigt sich in der Mitwirkung bei der Erstellung von Lehrplänen, Begutachtung bei Schulbüchern, kirchlichen Lehrbefähigung (evangelisch vocatio / katholisch missio canonica). Die Bezugswissenschaften – die Evangelische und Katholische Theologie – sollen dabei „die zentrale Aufgabe der wissenschaftlichen Klärung, Beratung und Orientierung"[9] für die Kirchen erfüllen.

Mit der Lozierung im Grundgesetz ist der Religionsunterricht grundgesetzlich geschützt, aber nur, wenn er – laut Urteil des Bundesverfassungsgerichts – „in konfessioneller Positivität und Gebundenheit"[10] in Bezug auf die jeweilige Kirche erteilt wird.

Laut Urteil des Bundesverfassungsgerichts von 1987 ist demnach konfessioneller Religionsunterricht:

> „keine überkonfessionelle vergleichende Betrachtung religiöser Lehren, nicht bloße Morallehre, Sittenunterricht, historisierende und relativierende Religionskunde, Religions- oder Bibelgeschichte. Sein Gegenstand ist vielmehr der Bekenntnisinhalt, nämlich die Glaubenssätze der jeweiligen Religionsgemeinschaft. Diese als bestehende Wahrheiten zu vermitteln ist seine Aufgabe."[11]

Die Spannung zwischen Staat und Kirche kann auch als gemeinsame Verantwortung gesehen werden und stellt einen pädagogischen und theologischen Mehrwert für die SchülerInnen dar: Im konfessionellen

---

9 Vgl. Landeskirchenamt der EKD (Hrsg.): Das Zusammenwirken von Landeskirchen und Theologischen Fakultäten in Deutschland. Empfehlungen, Hannover 2008, 9.

10 Vgl. Beschluss des Bundesverfassungsgerichts vom 25.2.1987.

11 Urteil des Bundesverfassungsgerichts, 1987. Vgl. auch Janbernd Oebecke: Reichweite und Voraussetzungen der grundgesetzlichen Garantie des Religionsunterrichts, in: Deutsches Verwaltungsblatt 111 (1996), 336–344. Auch in den Richtlinien und Lehrplänen (des Ministeriums für Schule und Weiterbildung des Landes Nordrhein-Westfalen) – hier am Beispiel der Grundschule – wird der Bezug zur Landesverfassung sowie die Konfessionalität deutlich betont: „Evangelischer Religionsunterricht [...] gründet seinen Bildungs- und Erziehungsauftrag auf die Verfassung des Landes Nordrhein-Westfalen. Das Fach Evangelische Religionslehre erschließt das Erziehungsziel „Ehrfurcht vor Gott und Achtung vor der Würde des Menschen" nach evangelischem Verständnis. Maßgeblich sind dabei das Bekenntnis zu Jesus Christus und der authentische Erfahrungsraum der Schülerinnen und Schüler, in: MSW NRW (Hrsg.), Richtlinien und Lehrpläne für die Grundschule in Nordrhein-Westfalen, Düsseldorf 2008, 151.

Religionsunterricht an der öffentlichen Schule kann sowohl sachliche Kritik und sachliche Zustimmung am religiösen Gehalt geäußert werden: Rede über Religion. Dennoch sind auch eigene Glaubensaussagen möglich (religiöse Sprache). Dieses Wechselspiel ist unabdingbar für die religiöse Urteilskompetenz und kann durch entsprechende fachdidaktische Ansätze aufgegriffen werden.

3. Eine fachdidaktische Perspektive ermöglicht es, dass zwischen Sachverhaltsvermutungen (im Sinne von puto: vermuten, glauben) und Sprechakten (im Sinne von credo: ich glaube/ich vertraue) unterschieden werden kann. Dadurch sind authentische Glaubensaussagen – die auf das nach Luther Unverfügbare hinweisen – ebenso möglich wie eine reflektierte Ablehnung des christlichen Glaubens.

Religiöse Kommunikation oder religiöse Äußerungsformen – Worte, Rituale, Gebete – ereignen sich „im Medium des Glaubens" und verdanken „ihre Plausibilität also anders als die meisten anderen Äußerungsformen einer ganz bestimmten Form der authentischen Haltung (oder wenigstens ihrer Inszenierung). Wer im Medium des Glaubens spricht, setzt sich selbst in eine Position des authentischen Sprechers."[12] Damit wird die Authentizität religiöser Kommunikation betont: Religiöse Kommunikation wirkt durch die Form authentischer Selbstdarstellung,[13] so Nassehi: „Soziologisch gesprochen: Religiös wird man durch religiöse Ansprache."[14]

Daher ist es im konfessionellen Religionsunterricht wichtig, zwischen Sachverhaltsvermutungen und Sprechakten zu unterscheiden. So können authentische Äußerungen im Sinne von *credo* auf das nach Luther Unverfügbare, was sich im Geschehen von *promissio* und *fides*, Wort und Glaube, ereignet, hinweisen. Zugleich ist jederzeit eine reflektierte Ablehnung des christlichen Glaubens möglich. Dies ist eine wichtige Voraussetzung für eine fachdidaktische reflektierte Orientierung im schulischen Religionsunterricht.

Hier wird auch die grundlegende theologische Unterscheidung von *fides quae creditur* (was geglaubt wird: Glaubensinhalt) und *fides qua creditur* (der Glaube, durch den geglaubt wird: Glaubensakt) deutlich,

12 Armin Nassehi: Erstaunliche religiöse Kompetenz. Qualitative Ergebnisse des Religionsmonitors, in: Bertelsmann Stiftung (Hg.): Religionsmonitor 2008, Gütersloh 2007, S. 113–132, hier: 121.

13 Vgl. ebd.

14 Ebd., 123.

wobei im konfessionellen Religionsunterricht zwar die Kenntnisnahme (*notitia*) von Glaubensinhalten ermöglicht wird, die Zustimmung (*assensus*) und das Sich-Anvertrauen (*fiducia*) jedoch theologisch vermessen und pädagogisch aussichtslos sind.[15]

4. Der fachdidaktische Ansatz ermöglicht die Betrachtung des Lerngegenstandes aus verschiedenen Blickwinkeln, die Assoziierung mit anderen Wissensinhalten, kurz: die aktive Auseinandersetzung mit dem Lerninhalt.

Fachdidaktische Orientierung zeichnet sich nicht zuletzt durch eine gute Anwendbarkeit aus, indem z.B. Komplexität verringert wird, interessante Fragestellungen evoziert werden, motivierende handlungs- und produktionsorientierte Prinzipien ermöglicht und damit eine gute Hilfe zur Analyse, Planung und Auswertung von Unterricht gewährleistet ist. Damit bietet ein gelungener fachdidaktischer Ansatz didaktische und methodische Prinzipien, die sich in inklusiven Klassenkontexten gut umsetzen lassen.

Diese vier Kriterien lassen sich als Arbeitsfragen an jeden fachdidaktischen Ansatz anlegen und dienen der Überprüfung:

1. Erlaubt dieser fachdidaktische Ansatz den Lehrkräften und den SchülerInnen die **Einnahme einer Innen- und einer Außenperspektive**? Und kann – unter Beachtung der Innen- und der Außenperspektive – das Kennenlernen christlicher Lebenspraxis ermöglicht werden?

2. Inwiefern spiegelt dieser fachdidaktische Ansatz die gemeinsame Verantwortung von Staat und Kirche für den konfessionellen Religionsunterricht wider? Sind sowohl die **Rede über Religion** als auch die Verwendung eigener **religiöser Sprache** möglich?

3. Ermöglicht der fachdidaktische Ansatz, dass zwischen **Sachverhaltsvermutungen** und **Sprechakten** unterschieden werden kann? Können daher authentische Glaubensaussagen – die auf das nach Luther Unverfügbare hinweisen – ebenso wie eine reflektierte Ablehnung des christlichen Glaubens ermöglicht werden?

4. Ermöglicht dieser fachdidaktische Ansatz die Betrachtung des **Lerngegenstands** aus verschiedenen Blickwinkeln, die Assoziierung mit anderen Wissensinhalten, kurz: die aktive Auseinandersetzung mit dem **Lerninhalt**?

15 Vgl. Schröder: Religionspädagogik, 209ff.

3. Kriterienorientierte theologische Sachanalyse

In einem viel gelesenen Online-Forum[1] zur Unterrichtsvorbereitung im Fach Evangelische Religion ist folgender aufschlussreiche Diskussionsverlauf dokumentiert.

Melosine fragt: „Hallo, seit Anfang des Halbjahres müssen wir in Religion Sachanalysen mit in den Unterrichtsentwurf schreiben. So'n Krampf! Deshalb meine Fragen an euch: Was gehört in eine Sachanalyse? Gibt es Tipps, wie man eine Sachanalyse verfasst? Mein konkretes Beispiel: Symbol *Hand* in einer 1. und 2. Klasse: Wenn ich eine Bildbetrachtung mache, was analysiere ich dann? Das Bild? Das Bild, bezogen auf das Symbol *Hand*? Schreibe ich etwas zur Symboldidaktik? Ich stehe gerade völlig auf dem Schlauch und bin für jede Hilfe dankbar!

Juna antwortet auf diesen Thread: „Mein Tipp: Schreibe alles drei! Zitat mein Seminarleiter: Nur mit einer ordentlichen Sachanalyse zeigt man, dass man sich gründlichst mit der Sache auseinandergesetzt hat!"

Frage und Antwort in diesem Thread lassen bereits auf den ersten Blick erkennen, dass sich die beiden Disputantinnen bei der Abfassung ihrer theologischen Sachanalyse sehr verunsichert fühlen. Die Begründung, etwaige Struktur und Funktion einer reflektierten theologischen Sachanalyse erscheinen den beiden Diskussionspartnerinnen als lästige Pflichtübung, deren Inangriffnahme und Durchführung nach Möglichkeit mit Hilfe von alltagstauglichen, bewährten „Kochrezepten" erfolgen soll.

In Beantwortung der weiter oben durch den Diskussionsverlauf im Online-Forum durch „Melosine" aufgeworfenen Frage sollte festgehalten werden:

1 http://www.lehrerforen.de/board922-ausbildung-und-berufsanfang/board1-referendariat/5585-sachanalyse-religion/ (abrufen am 24.03.2014).

Selbstverständlich ist eine sachgemäße und professionelle Unterrichtsvorbereitung zentraler Bestandteil der Lehrerprofessionalität. Eine dergestalt zu fordernde Unterrichtsvorbereitung wird auch immer die didaktisch-methodische Dimension der „Sache“ im Blick behalten. Gleichwohl evoziert der christliche Glaube und seine Rechenschaftslegung ein allgemeindidaktisch-methodisch nicht einholbares Mehr an existenzieller Orientierung.

Dieses apostrophierte Mehr des christlichen Glaubens lässt es geraten sein, die Sachanalyse im Religionsunterricht nicht allein als allgemeindidaktisch ableitbare, sondern auch als explizit theologische Aufgabe zu bestimmen und entsprechend durchzuführen.

Von daher plädiert das vorliegende Kapitel dafür, die theologische Sachanalyse im Kontext der Unterrichtsvorbereitung eben nicht als lästige Pflichtübung anzusehen und entsprechend niederschwellig durchzuführen, sondern als Ort zu bestimmen, an dem insbesondere durch die Persönlichkeit des Unterrichtenden immer wieder neu (und de facto unabgeschlossen) eine „Wesensanalyse“ und normative „Wesensbestimmung“ – als zentralem Aspekt professionellen Lehrerhandelns – reformatorischen Christentums vorgenommen werden kann. Gleichermaßen plädiert dieses Kapitel dafür, die theologische Sachanalyse als Ermöglichungsperspektive eines Evangelischen Religionsunterrichts zu verstehen, der in konfessioneller Perspektive als „Befähigung zum Christsein“ – sowohl auf der Seite der Unterrichtenden als auch auf der Seite der SchülerInnen – beizutragen vermag.[2]

Mirjam Zimmermann schreibt beispielsweise:

> „Eine Sachanalyse ist sozusagen eine „Miniseminararbeit“ zum Thema mit der Intention, das Thema für mich als Lehrer bzw. Lehrerin wieder neu aufzuarbeiten und zu durchdringen. Es geht hier noch nicht um das mögliche Verhältnis des Schülers/der Schülerin zu dieser Sache, sondern um eine dem geistigen Niveau des Lehrenden entsprechende Durchdringung – erst das ermöglicht eine spätere ‚Übersetzung‘ ins Kindgemäße.“[3]

2 Zu Begriff und Gegenstand des „Befähigung zum Christsein“ als Inhalt und Ziel des Religionsunterrichts vgl. Grethlein: Fachdidaktik Religion, 271ff.

3 Mirjam Zimmermann: Planung von Religionsunterricht. Vorarbeiten, Unterrichtsentwurf, Evaluation, online verfügbar unter: http://www.uni-bielefeld.de/theologie/lehre/Zimmermann-2006-Planung_Religionsunterricht.pdf (abgerufen am 25.03.2014). Dies.: Planung von Religionsunterricht in der Oberstufe, in: Gottfried Adam/Martin Rothgangel/Michael Wermke: Kompen-

Das nachfolgend skizzierte Modell einer reflektierten theologischen Sachanalyse als christliche Rechenschaftslegung hat sich in der Ausbildungspraxis bei Lehramtsstudierenden an der TU Dortmund und der Universität Essen bewährt.

Methodische Schritte zum Entwurf einer theologischen Sachanalyse

Als zentrale, formale Dimensionen jedweder theologischen Sachanalyse können dabei gelten:

- die exakte Definition des theologischen Begriffs bzw. der biblische Befund und dessen exegetische Akzentuierung,
- der historische Befund: zentrale Weichenstellungen zum Thema (dem Begriff, der Sache) in der Dogmen- und Theologiegeschichte,
- die aktuelle – ggf. interkonfessionelle – Fachdiskussion,
- zentrale, kontroverse, christliche Theologie und christlichen Glauben herausfordernde Voten nicht theologischer Wissenschaften zum Thema.[4]

Es ist dabei für die Unterrichtsvorbereitung nicht zielführend, diese formalen Dimensionen der theologischen Sachanalyse bei jedem Unterrichtsthema immer wieder redundant und nur aneinandergereiht, quasi mechanisch „abzuarbeiten“, sondern es gilt eine begründete Schwerpunktsetzung mit Bezug auf die jeweilige Anforderungssituation vorzunehmen.

Dabei können zwei Anforderungssituationen unterschieden werden:

- Die Vorgaben und Impulse der entsprechenden kompetenzorientierten Kernlehrpläne der einzelnen Bundesländer und bzw. oder
- sich häufig spontan ergebende, oftmals allgemein-religiöse Fragestellungen aus dem Kontext des Religionsunterrichts heraus und im weiteren Bedingungskontext des Religionsunterrichts selbst.

dium für den Religionsunterricht in der Sekundarstufe I, Göttingen 2006, 413–436.

4 Die Einträge zu zentralen, theologischen Begriffen in den gängigen theologischen Lexika (RGG, TRE, LThK) folgen diesem Schema.

Damit erwächst dem Unterrichtenden in der theologischen Sachanalyse eine doppelte Aufgabenstellung: Einmal steht er vor der Aufgabe, sich zu „seinem" Thema theologische Überblicks- und Orientierungskompetenz zu verschaffen und anzueignen. Zum anderen besteht seine Aufgabe darin, begründet und nachvollziehbar die zentrale theologische Dimension bzw. die zentralen, theologischen Dimensionen (gesamtbiblisch, systematisch-theologisch, kirchen- bzw. theologiegeschichtlich) „seines" Themas in ihrer Exemplarizität für den christlichen Glauben und die christliche Lebenspraxis zu benennen und diese Exemplarizität entsprechend darzustellen. In einem darauffolgenden methodischen Schritt ist der Unterrichtende aufgefordert, wiederum begründet, zentrale inhaltliche Teilaspekte der dargelegten theologischen Dimension(en) für die Gegenwart hermeneutisch reflektiert auszulegen und diese schließlich jeweils mit Hilfe der entsprechenden, fachdidaktischen Ansätze auf Unterricht hin zu erschließen.

Gleichwohl ist in der theologischen Sachanalyse die grundlegende Unterscheidung und gegenseitige Verhältnisbestimmung von Aussagen der Heiligen Schrift als *norma normans* und der Bekenntnistradition als *norma normata* zu wahren. Diese Unterscheidung ermöglicht sowohl kurzfristig als auch mittel- und langfristig die Kennzeichnung und Wiedererkennung der intendierten Positionierung als spezifisch evangelisches Votum.[5]

Auch eine bewusste Rezeption und Bearbeitung zentraler Anfragen und Impulse nicht theologischer Wissenschaften an den zur Debatte stehenden theologischen Fragestellungen vermögen es, den Charakter der theologischen Sachanalyse als christliche bzw. evangelische Rechenschaft nochmals pointiert zu fokussieren.

Das folgende Schema vermag die Struktur und die empfehlenswerte Vorgehensweise beim Entwurf einer theologischen Sachanalyse zu verdeutlichen.

5 Zur komplexen Verhältnisbestimmung von Bibel als *norma normans* und Bekenntnistradition als *norma normata* vgl. die Hinweise von Johannes Dittmer: Zur Bedeutung von „Kirche und Bekenntnis" für das ev. Kirchenrecht. Zur Bedeutung des Kirchenverständnisses für Organisation und Selbstverständnis der Union Evangelischer Kirchen (UEK) als Kirchenbund in Deutschland in historischer und systematischer Hinsicht. Working-Paper 1/08, online verfügbar unter: http://www.ekd.de/kirchenrechtliches_institut/download/HIEK2_Dittmer.pdf (abgelesen am 27.03.2014).

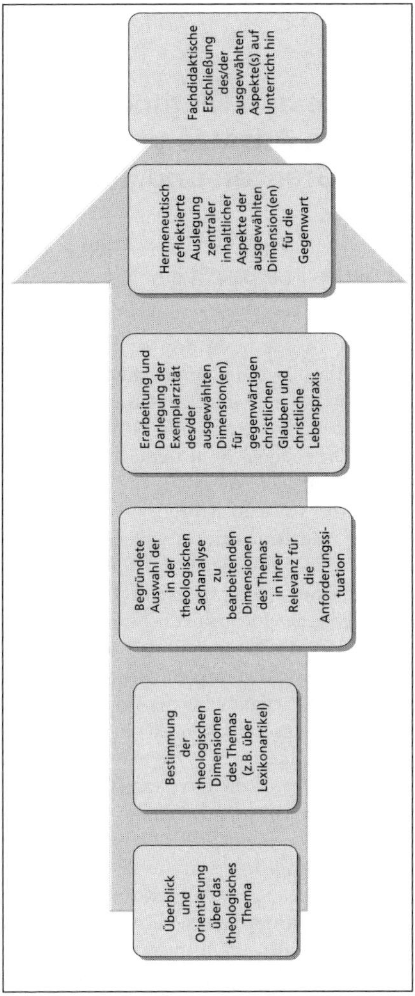

Schaubild 1: Die theologische Sachanalyse in der Unterrichtsvorbereitung

4. Zwischen Sache und Methodik: Fachdidaktische Ansätze und Perspektiven mit Chancen, Grenzen und Konkretionen

4.1 Symboldidaktische Perspektive

„Die evangelische Kirche ist eine Kirche des Wortes – erkennbar an der Bibel, die als großes Buch auf dem Altar liegt, und an der Kanzel, die den Kirchenraum beherrscht. Daneben gehört die Orgel zu den Symbolen, die evangelische Frömmigkeit kennzeichnen. Dementsprechend ist die Gemeinde im Gottesdienst vor allem hörende Gemeinde. Die anderen Sinne werden kaum in Anspruch genommen (...).Wird nun das ‚Wort' nicht mehr wie bei Luther als wirksames, Heil oder Gericht schaffendes Wort verstanden, bei dem Heil und Heilung, Wort und Leiblichkeit eng verbunden sind, dann kann es zu theologisch richtigen Begriffen verkümmern. Dieser Verlust an Leiblichkeit und Sinnlichkeit muß sich im Bereich der Religionspädagogik besonders gravierend auswirken. Werden Lernprozesse erst einmal von theologischen Begriffen her konzipiert, ist Distanz hergestellt, dann ist nachträglich Anschauung und Konkretion auch durch ein Höchstaufgebot an audiovisuellen Medien nicht mehr zu erreichen. Das Problem der Anschauung und Vergegenwärtigung bei der Vermittlung theologischer Inhalte stellt sich bei dem Symbolansatz nicht in dieser Schärfe; denn dem Symbol ist Anschauung ursprünglich mitgegeben. Es hat ein sinnlich-anschauliches Element (den ‚symbolischen Stoff') und die Fähigkeit, über sich hinaus auf das eigentlich Gemeinte hinzuweisen, nicht Anwesendes zu vergegenwärtigen. Das Symbol ist also in sich selbst eine anschauliche Vermittlungskategorie. Darüber hinaus sind Symbolsprache und Körpersprache (Spiel, Gestik) eng verwandt. Durch diese Verbindung zwischen Symbol und Körpersprache kann wieder bewußt werden, daß religiöse Erfahrung ganzheitliche Erfahrung ist. Die Symboldidaktik kann nicht nur helfen, den Erfahrungsansatz zu realisieren; vielleicht gelingt es ihr, daß religiöse Vorstellungen wieder die Schicht der unmittelbar sinnlichen Bedürfnisse erreicht; denn in den Symbolen verbinden sich Sinnlichkeit und Sinn."[1]

1 Peter Biehl: Die Chancen der Symboldidaktik nicht verspielen. Kritische Symbolkunde im Religionsunterricht, in: Religion heute 3/1986, 168 –173, 171.

Arbeitsfragen

1. Erlaubt dieser fachdidaktische Ansatz den Lehrkräften und den SchülerInnen die Einnahme einer **Innen**- und einer **Außenperspektive**? Und kann – unter Beachtung der Innen- und der Außenperspektive – das Kennenlernen christlicher Lebenspraxis ermöglicht werden?
2. Inwiefern spiegelt dieser fachdidaktische Ansatz die gemeinsame Verantwortung von Staat und Kirche für den konfessionellen Religionsunterricht wider? Sind sowohl die **Rede über Religion** als auch die eigene Verwendung **religiöser Sprache** möglich?
3. Ermöglicht der fachdidaktische Ansatz, dass zwischen **Sachverhaltsvermutungen** und **Sprechakten** unterschieden werden kann? Können daher authentische Glaubensaussagen – die auf das nach Luther Unverfügbare hinweisen – ebenso ermöglicht werden wie eine reflektierte Ablehnung des christlichen Glaubens?
4. Ermöglicht dieser fachdidaktische Ansatz die Betrachtung des **Lerngegenstands** aus verschiedenen Blickwinkeln, die Assoziierung mit anderen Wissensinhalten, kurz: die aktive Auseinandersetzung mit dem **Lerninhalt**?

Problemlage

Die Symboldidaktik zu Beginn der 1980er-Jahre versteht sich als Scharnier bzw. „Brücke des Verstehens“[2] zwischen der sich rapide veränderten Lebenswelt der SchülerInnen (Entkirchlichung) und dem Thema Religion. Sie manifestiert sich zentral in zwei nicht ineinander überführbaren fachdidaktischen Ansätzen. Auf katholischer Seite in einer anthropologischen symboldidaktischen Perspektive (Hubertus Halbfas), auf evangelischer Seite in einer christologischen Symboldidaktik (Peter Biehl). Beiden Vertretern ist die Definition von Begriff und Gegenstand eines Symbols gemeinsam, die den die Wirklichkeit transzendierenden, über diese hinausweisenden Charakter eines Symbols hervorheben. Diese transzendente Wirklichkeit kann immer nur annäherungsweise im Symbol selbst ergriffen werden.

2 Grethlein: Fachdidaktik Religion, 256.

Ziel

Für die anthropologische Symboldidaktik von Hubertus Halbfas ist die Forderung nach einer „Ent-Intellektualisierung“[3] des Religionsunterrichts charakteristisch. Diese kann und soll ergänzt bzw. ersetzt werden durch eine „symbolvermittelte Kommunikation“[4]. Um diese „symbolvermittelte Kommunikation“ zu ermöglichen, ist die Schärfung der Sehfähigkeit des „dritten Auges“[5] notwendig. Dieses geschärfte „dritte Auge“ vermag die im interkulturellen, kollektiven Gedächtnis vorhandenen, aber verschütteten „Ursymbole“ (Archetypen) wahrzunehmen und diese zu kommunizieren. Ziel des Religionsunterrichts ist von daher eine mystagogische Grundschulung der SchülerInnen (Erich Feifel) und die Entwicklung bzw. das Einüben von gelebter Spiritualität (Hubertus Halbfas).

Peter Biehl plädiert hingegen für eine „kritische Symbolkunde“. Biehls kritische Symbolkunde ist allerdings nicht als beschreibend-neutrale Information über Symbole zu verstehen, sondern er will Symbole und die in den Symbolen eingeschriebene Wahrheitsfrage einer kritischen Qualitätsprüfung unterziehen. D.h., die im christlichen Zentralsymbol Jesus Christus eingeschriebene Wahrheitsfrage (ist der historische Jesus von Nazareth der verkündigte Christus des Glaubens? Schriftart?) kann und soll im Religionsunterricht Thema werden.

Konzeptioneller Schwerpunkt

Beiden Autoren ist ein dreidimensionales Symbolverständnis gemeinsam, wobei sie drei ineinander verschränkte Ebenen von Wirklichkeit unterscheiden, die in einem Symbol manifest werden können:

- eine erste Ebene, auf der das Symbol als naturwissenschaftlich fassbares und beschreibbares Phänomen zu deuten ist (z.B. die beim Segen ausgestreckte Hand als Zusammenspiel verschiedener Muskelgruppen und Nervenstränge),

3 Ebd., 258.

4 Ebd.

5 Hubertus Halbfas: Das Dritte Auge. Religionsdidaktische Anstöße, 3. Aufl. Düsseldorf 1987.

- eine zweite Ebene, auf der die empirisch fassbaren und beschreibbaren Phänomene im Bereich der Sprichwörter, Bildworte, Weisheiten und Mythen wiederaufgefunden werden können,
- eine dritte Ebene, auf der nun die religiöse Dimension dieser Sprichworte, Bildworte, Weisheiten und Mythen erschlossen werden soll (die Metapher der „Hand Gottes" kann in ihrer religiösen Dimension z.B. anhand alttestamentlicher Texte, aber auch ikonographischer Darstellungen erschlossen werden.

Diese drei Dimensionen eines Symbols gilt es im Religionsunterricht durch Begegnung, Deutung, Verstehen und Aneignung thematisch werden zu lassen. Die unterrichtliche Erarbeitung religiöser Symbolik vermag es, bei den SchülerInnen eine „ontologische Teilhabe" an den Transzendenzerfahrungen und Transzendenzzeugnissen christlichen Glaubens zu eröffnen.

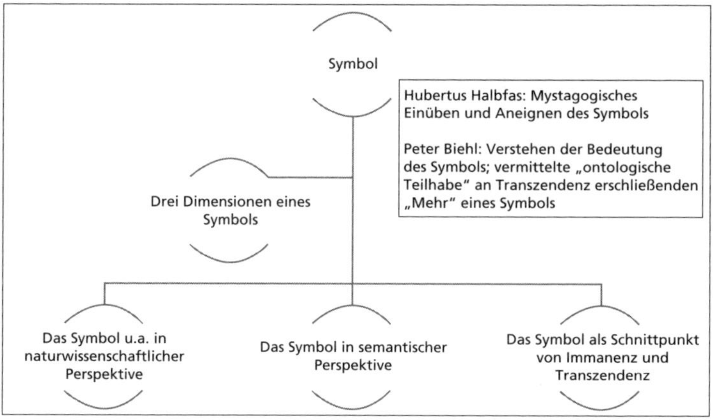

Schaubild 2: Der fachliche Ansatz der symboldidaktischer Respektive

Didaktische Prinzipien

- Als erstes didaktisches Prinzip ergibt sich die von Biehl pointiert betonte Schülerorientierung der „kritischen Symbolkunde“. Diese ermöglicht den SchülerInnen eine „probeweise Identifikation“ mit dem Symbolangebot des christlichen Glaubens als Möglichkeit der persönlichen Identitätsstiftung einerseits und der persönlichen religiösen Sprachfindung andererseits. Gleichermaßen befähigt dieses erste didaktische Prinzip zur begründeten theologischen Urteilsbildung aufseiten der SchülerInnen. Ebenso vermag es zur aktiven Teilhabe an gemeindlich gelebtem Christentum zu motivieren.
- Ein weiteres zentrales didaktisches Prinzip ist der ideologiekritische Akzent der „kritischen Symbolkunde“. Symbole können und müssen im Religionsunterricht hinsichtlich ihrer Funktionalisierung bzw. ideologischen Verwendung im gesellschaftlichen bzw. politischen Kontext analysiert und befragt werden.
- Darüber hinaus ergibt sich – bei Biehl – der bibelorientierte Fokus der „kritischen Symbolkunde“. Ihr Ausgangspunkt sind zwar die von den SchülerInnen rezipierten Alltagssymbole. Gleichwohl dient das Thematisch-Werden dieser Alltagssymbole im Unterricht nur der Anbahnung der Erschließung elementarer biblischer Texte und der in den biblischen Symbolen selbst thematisch werdenden Wahrheitsansprüchen. Aus dem Anliegen von Halbfas folgt das grundlegende didaktische Prinzip im und durch den Religionsunterricht zuerst eine „religiöse Sprachlehre“ zu ermöglichen: „Erst durch eine curricular entfaltete religiöse Sprachlehre werden Schülerinnen und Schüler religiös alphabetisiert“[6].

Methodische Prinzipien

- Für Peter Biehl ist „Vermittlung“ leitendes methodisches Prinzip. Die Vermittlung von Symbolen ist aber nach Biehl durch eine doppelte Verstehensbewegung auf Seiten der SchülerInnen charakterisiert. Ausgangspunkt ist die alltägliche Erfahrung der SchülerInnen mit

6 Hubertus Halbfas: Religionsunterricht nach dem Glaubensverlust, Ostfildern 2012, 132.

einem entsprechenden Grundsymbol (Hand, Haus, Weg, Brot, Wasser, Kreuz). Alltägliche Erfahrungen werden im Unterricht durch Methoden wie Erzählung, Unterrichtsgespräch, aber auch Meditation thematisch. Zur Seite treten diesen Methoden Unterrichtsmedien wie Kunstbilder, Fotos, Videoclips, Filmausschnitte, mp3-Dateien, Hörbücher. In einer zweiten, gewissermaßen gegenläufigen Bewegung begegnen die SchülerInnen diesen Grundsymbolen erneut, diesmal aber in religiöser bzw. spezifisch christlicher Perspektive. In dieser gegenläufigen Bewegung wird der „Verheißungs-Überschuss" christlicher Symbolik signifikant und provoziert eine produktive, aber dennoch sinnstiftende Unterbrechung alltäglicher Erfahrungen.
- Für Hubertus Halbfas geschieht Intuition für und Initiation in Symbole durch beständigen Umgang mit ihnen: betrachtend, erzählend, hörend, spielend, handelnd. Entscheidend ist nicht die rationale Auseinandersetzung im Unterrichtsgespräch, sondern ein emotionaler Bezug, die methodisch angeleitete Entwicklung einer Intuition für das Symbol, das „dritte Auge" (den Symbolsinn). Als symbolische Grundfigur der methodisch angeleiteten Einübung in das Gefühl der Gottesnähe ist das Mandala-Symbol für Halbfas zentral. Im Mandala-Symbol ist der Gegensatz von Immanenz und Transzendenz durchbrochen. In methodischer Perspektive ist für Halbfas' symboldidaktischen Ansatz eine handlungsorientierte unterrichtliche Interaktion mit mannigfachen materialen Gegensatzpaaren in der Perspektive des Innen – Außen, Hell – Dunkel, Oben – Unten konstitutiv (Bilder, Graphiken, Gedichte, Skulpturen, Fotos usw.).

Kompetenzerwerb

- Die SchülerInnen erweitern ihre Sachkompetenz, indem Merkmale und Charakteristika für „eigentliches", biblisch begründetes menschliches Reden von Gottes Eigenschaften (als Grundformen religiöser Sprache) im Gegensatz zu „uneigentlichem", profaniertem religiösem Reden unterschieden werden können.
- Die SchülerInnen vertiefen ihre Deutungs- und Wahrnehmungskompetenz, indem sie religiöse Symbole in Film, Kultur und Alltag wahrnehmen und diese kriterienorientiert reflektieren.

- Die SchülerInnen vertiefen ihre Methodenkompetenz, indem sie auf verfremdete, religiöse Symbole in den Massenmedien aufmerksam werden und deren Funktion kritisch reflektieren.

Konkretion am Beispiel des Themas Gottes Eigenschaften (nach Peter Biehl)

Der Vierschritt: Wahrnehmen, Analysieren und Reflektieren, Kontrastieren, Positionieren bietet sich als praktische Vorgehensweise an. Für diesen Vierschritt sind die grundlegenden didaktischen und methodischen Prinzipien der kritischen Symbolkunde von Peter Biehl konstitutiv.

Wahrnehmen – Prinzip der Schülerorientierung: Ausgangspunkt der unterrichtlichen Bearbeitung ist die zunehmende Verherrlichung medial bekannter Persönlichkeiten (z.B. von Stars im Profifußball). In methodischer Hinsicht kann eine strukturiert durchgeführte Bildbetrachtung/Bildanalyse als erster unterrichtlicher Impuls dienen.

Analysieren und Reflektieren – Prinzip der Bibelorientierung: Ursprünglich als Teil der Fankultur entstanden und dort weiterentwickelt, ist für viele Fans die „Verehrung" ihres/ihrer Stars integraler, sinnstiftender und diese „ordnender" Bestandteil ihrer Lebenswelt. In diesem Teilschritt rekonstruieren die SchülerInnen diesen religionswissenschaftlich hochinteressanten Weg anhand von Textanalysen kurzer wissenschaftlicher Abhandlungen zu diesem Phänomen mittels der Think-Pair-Share-Methode. Daran schließt sich eine Reflexionsphase im Unterrichtsgespräch zu den vermeintlichen, religionspsychologisch beschreibbaren Gründen hierfür an.

Vertieft wird diese Reflexionsphase durch die Analyse von Videoclips mit Fußballstars im deutschsprachigen Raum. An dieser Stelle des Unterrichtsverlaufs ergibt sich nun die Möglichkeit, in ideologiekritischer Perspektive nach der ökonomischen Funktion der Verherrlichung von Fußballstars zu fragen.

Kontrastieren – Prinzip der Ideologiekritik: Im folgenden Teilschritt kontrastieren die SchülerInnen die aktuelle, mediale Aufmerksamkeit für Fußballstars (anhand entsprechender Videoclips und entsprechender Beobachtungsaufgaben) mit der medialen Nicht-Aufmerksamkeit, z.B. für die Deutsche Fußball-Meisterschaft der Werkstätten für behinderte Menschen 2014 (Analyse von Internetauftritten).

Positionieren – Prinzip der Bibelorientierung: In diesem abschließenden Schritt positionieren sich die SchülerInnen zur Verherrlichung von Fußballstars in religiöser Perspektive. Grundlage hierfür ist die Erarbeitung der beiden Verse 1. Joh. 4, 8 und 16. Für die Erarbeitung dieser Verse eignen sich bibeldidaktische Methoden, wie z.B. Kreatives Schreiben, Lectio Divina/Bibelteilen. Ein abschließendes, reflexives Unterrichtsgespräch macht die Frage nach einem „Mehr" der biblischen Aussagen über Gottes Eigenschaften thematisch und lädt zur ontologischen Teilhabe an diesem „Mehr" biblischer Aussagen ein, bzw. verweist auf dieses „Mehr".

Chancen

- Insbesondere dem ideologiekritischen Akzent der „kritischen Symbolkunde" Peter Biehls ist ein bedeutsames heuristisches Potenzial inhärent. Dieses heuristische Potenzial kann insbesondere bei Themenstellungen aus dem Kontext der säkularisierten Religiosität (Religion und Film, Religion und Popkultur), aber auch bei kirchengeschichtlichen Fragestellungen (religiöse Symbolik in den Diktaturen des 20. Jahrhunderts) für den Religionsunterricht nutzbar gemacht werden.
- Weiterhin ermöglicht der bibelorientierte Ansatz von Peter Biehl eine Begegnung und Konfrontation der SchülerInnen mit der mythen- und metaphernreichen Sprachwelt und Wirklichkeitswelt biblischer Texte. In hermeneutischer Perspektive kann – durch das Offenlegen der Mehrdimensionalität von Symbolen – ein tieferes Verstehen und Durchdringen von, aber auch eine Teilhabe an grundlegenden christlichen Glaubensaussagen eröffnet werden.

Grenzen

- Insbesondere Halbfas' Rekurs auf die empirisch nie validierte Archetypen-Lehre C.G. Jungs bezeichnet eine deutliche Grenze seines Ansatzes.
- Weiterhin bleibt zu fragen, ob der konfessionelle Religionsunterricht an einer staatlichen Schule der Ort für die Initiation in eine transreligiöse, mystische Spiritualität sein kann bzw. sein soll.

- Peter Biehls Ansatz kann dahingehend befragt werden, ob die von ihm intendierte „doppelte Verstehensbewegung“ unterrichtspraktisch einholbar ist. Insbesondere die zunehmende Entkonfessionalisierung der SchülerInnen und der virulente „lebenspraktische Gewohnheitsatheismus“ (Wolf Krötke), lässt es fraglich erscheinen, ob die für Biehls Ansatz zentrale Begegnung mit originär kirchlichen/christlichen Symbolen (bei denen es dann ein existenzial unmittelbar betreffendes „Mehr“ zu entdecken gilt) im Unterricht ins Werk gesetzt werden kann.
- Die von Biehl intendierte „ontologische Teilhabe“ an originär kirchlichen/christlichen Symbolen (Taufe, Abendmahl) ist religionspädagogisch kaum verifizierbar.[7]

Chancen und Grenzen im Hinblick auf inklusive Lerngruppen

Die Möglichkeiten der Rezeption dieser beiden „klassischen“ Ansätze der Symboldidaktik in Hinsicht auf inklusive Lerngruppen sind sehr begrenzt. Sicherlich kann mit SchülerInnen ein ihrem Alter und ihrem Entwicklungsstand gemäßer allgemeiner „Symbolsinn“ anhand von Mythen, Erzählungen, Geschichten usw. erarbeitet und eingeübt werden. Ob es allerdings gelingen kann, den „Überschritt“ von einem auf alltäglichen Erfahrungen beruhenden, allgemeinen Symbolsinn in Richtung auf die Wahrnehmung, Deutung und existenziale Aneignung grundlegender christlicher Symbole im Unterricht zu ermöglichen, muss offen bleiben.

Eignung für folgende Schulstufen
GS (Halbfas); Sek I (Biehl)

7 Vgl. zur Kritik und zur Weiterführung der Ansätze von Biehl und Halbfas auch das Kapitel 4.2 zur Symbolisierungs- und Zeichendidaktik.

4.2 Symbolisierungs- und zeichendidaktische Perspektive

„Die Symboldidaktik von Hubertus Halbfas, Peter Biehl und anderen gehört zu einer breiteren Strömung, die die Alternative von Schüler- oder Traditionsorientierung überwinden will. Kunst, Musik, Kirchenraum und Liturgik sind die Unterrichtsgegenstände, die zu einer ästhetischen Akzentuierung der Inhalte des Religionsunterrichts führen sollen. Religion ist eben nicht primär ein Gegenstand des Denkens und Handelns, sondern Religion erschließt sich auf dem Wege von Anschauung und Gefühl. Sowohl die Bibelorientierung als auch die Problemorientierung des Unterrichts müssen daher ästhetisch, symbolisch und zeichenhaft mindestens ergänzt, wenn nicht auf eine andere Ebene gehoben werden. Dieser wichtige Impuls ist von der Symboldidaktik gesetzt worden und behält seine grundlegende Bedeutung. [...] Die christliche Religion lässt sich [...] anhand von Zeichendeutungen der Gegenwart und der Tradition erschließen. [...] Zeichen stehen immer im Kontext von Zeichenkomplexen (wie etwa das Brot in der Abendmahlsliturgie) und von bestimmten Menschen, die mit bestimmten Zeichen etwas tun (indem sie etwa einander den Segen Gottes zusprechen). [...] Aus diesen Gründen sind die Zeichen und die Zeichennutzer immer zugleich in den Blick zu nehmen. Das gilt für die Praxis des Umgehens mit Zeichen (Symbolen) und für die deutende und theoretische Beschäftigung mit christlichen Zeichen. [...] Die so verstandene Zeichendidaktik folgt der Einsicht, dass sich Religion letztlich nur über Religion verstehen und erschließen lässt. [...] Von daher ergibt sich ein deutlicher Zusammenhang des zeichendidaktischen Verständnisses mit der performativen Religionsdidaktik. Es geht nämlich darum, im Religionsunterricht nicht nur zu argumentieren, sondern auch den Gebrauch von Zeichen zu studieren, zu probieren und zu kritisieren. [...] Die Lehrerinnen und Lehrer, die diese Prozesse anleiten, sollen dabei nicht nur Organisatoren, sondern selbst exemplarische Zeichenbenutzer und Zeichendeuter religiöser Praxis sein. Sie sollen ‚Religion zeigen', und zwar im praktischen wie im theologischen Sinne. [...] Wer im Unterricht die christlichen Zeichen erschließen will, ist zugleich auch immer Deuter der Wirklichkeit und Zeuge der Wahrheit.“[8]

Arbeitsfragen

1. Erlaubt dieser fachdidaktische Ansatz den Lehrkräften und den SchülerInnen die Einnahme einer **Innen**- und einer **Außenperspektive**? Und kann – unter Beachtung der Innen- und der Außenperspektive – das Kennenlernen christlicher Lebenspraxis ermöglicht werden?

8 Michael Meyer-Blanck: Symbolisierungs- und Zeichendidaktik, in: Grümme/Lenhard/Pirner (Hrsg.): Religionsunterricht neu denken, 44–45.

2. Inwiefern spiegelt dieser fachdidaktische Ansatz die gemeinsame Verantwortung von Staat und Kirche für den konfessionellen Religionsunterricht wider? Sind sowohl die **Rede über Religion** als auch die Verwendung eigener **religiöser Sprache** möglich?
3. Ermöglicht der fachdidaktische Ansatz, dass zwischen **Sachverhaltsvermutungen** und **Sprechakten** unterschieden werden kann? Können daher authentische Glaubensaussagen – die auf das nach Luther Unverfügbare hinweisen – ebenso wie eine reflektierte Ablehnung des christlichen Glaubens ermöglicht werden?
4. Ermöglicht dieser fachdidaktische Ansatz die Betrachtung des **Lerngegenstands** aus verschiedenen Blickwinkeln, die Assoziierung mit anderen Wissensinhalten, kurz: die aktive Auseinandersetzung mit dem **Lerninhalt**?

Problemlage

Die Symbolisierungs- und Zeichendidaktik – bisher hauptsächlich beschrieben von Michael Meyer-Blanck – versteht sich als Weiterentwicklung der Symboldidaktik nach Hubertus Halbfas und Peter Biehl aus den 90er-Jahren. In der symboldidaktischen Unterrichtspraxis fungierte das Symbol gern als „didaktischer Schlüssel" zwischen den beiden „Wirklichkeiten" Tradition und Situation, wobei man den allgemeinen Gegenstandssymbolen wie Tür, Baum, Herz, Hand, Haus und Weg eine inhärente „Vermittlungsleistung" zuschrieb. Deshalb setzt Meyer-Blanck dem daraus resultierenden religiösen Automatismus seine Symbolisierungs- und Zeichendidaktik entgegen, die die „Zeichenbenutzer und ihre Deutungen" sowie „den Gebrauchskontext der Zeichen (Symbole)"[9] in den Vordergrund stellt.

Ziel

Die Symbolisierungs- und Zeichendidaktik hat den Anspruch, den Zeichengebrauch christlicher Religion – unter Betonung der Subjektivität des

9 Ebd., 43. Wichtig außerdem: Ders.: Vom Symbol zum Zeichen. Symboldidaktik und Semiotik, 2. Aufl. Rheinbach 2002; Robert Mahling: Symboldidaktik und Zeichendidaktik zwischen Metaphysik und Moderne. Eine Debatte in der evangelischen Religionspädagogik, Jena 2010.

Zeichennutzer – zu erfassen, diese verständlich zu machen und in didaktischen Situationen zu verwenden, ohne jedoch den Abgleich mit traditionellen Deutungen zu vernachlässigen. „Wichtig werden Symbole erst dann, wenn sie gemeinsam – in einer Symbolisierungsdidaktik – religiös erschlossen werden.“[10] Dadurch kann zeichenhafte religiöse Rede in der Form der Rede über Religion verständlich gemacht werden und neu zum Zeichen werden und zur religiösen Rede selbst führen. Dadurch wird die Position der Zeichendeuter – im Unterricht Lehrkräfte und SchülerInnen – gestärkt und bedeutender als zuvor in der Symboldidaktik.

Konzeptioneller Schwerpunkt

Da sich Religion nicht nur über Denken und Handeln, sondern auch über Zeichenpraxis, Anwendung und Gefühl erschließt, soll protestantische Religion direkt und konkret erfahrbar werden. Dabei sind Zeichen und Zeichennutzer immer zugleich in den Blick zu nehmen,[11] das heißt der Zusammenhang von Zeichenbildung, Zeichengebrauch und dem (glaubenden), subjektiven Zeichennutzer.

Das Subjekt wird zum Bestandteil der Anschauung und Deutung. Es geht nicht darum, bestimmte Deutungsrichtungen zu provozieren, Deutungsmuster an Gegenstandssymbolen einzuüben und diese „korrekt“ bzw. traditionsgemäß auf religiöse Symbole zu übertragen, sondern um das aktuelle gemeinschaftliche Vollziehen pluralistischer Deutungsprozesse und den kritischen Austausch darüber in evangelischer Tradition. Die indirekte Bedeutungseinflößung soll also in diesem Punkt der Bedeutungsentwicklung weichen, und an die Stelle problemförderlicher Gegenstandssymbole sollen deutungsoffene Phänomene treten, die insbesondere die Anschauung und das Gefühl affizieren.

Damit lässt die Zeichendidaktik die subjektive, oftmals alltagssprachliche Wirklichkeitsdeutung (Didaktik des Signifikanten und des Deutens) und die traditionell-theologische Wahrheitsdeutung gelten und aufeinandertreffen. Die dabei entstehenden Deutungs- und Annähe-

10 Meyer-Blanck: Symbolisierungs- und Zeichendidaktik, 43.

11 Vgl. zur Zeichentheorie die Arbeiten von Charles Sanders Peirce, William Morris und Umberto Eco.

rungsformen können Distanzen überwinden und ein Verständnis für schwierige religiöse Begriffe schaffen.

Das Erbe der fachdidaktischen Ansätze in hermeneutischer Perspektive wird dabei in einer semiotisch gedachten Symbolisierungsdidaktik bewahrt:

„Eine semiotisch revidierte Symboldidaktik jedoch hätte nicht das Verstehen von Symbolen zum vorrangigen Ziel, sondern die Verständigung und Selbstverständigung von symbolisierenden Subjekten. Ihre Aufgabe wäre eine semiotisch gedachte Symbolisierungshermeneutik, keine ontologisch gedachte Symbolhermeneutik. Ihr wäre nicht am Staunen über den verborgenen Reichtum der Symbole und ihrer Bedeutungen gelegen, sondern am Staunen über den Reichtum an Codierungen und Konnotationen in der Kommunikation. Im Unterricht müßten verschiedene symbolische Codierungen von Zeichen durch Subjekte, Gruppen und Institutionen aufgedeckt und ins Gespräch gebracht werden, um erst danach in einem konfessorischen theologischen Diskurs bewertet zu werden. Die semiotische Frage nach der Kommunikation und die außersemiotische Frage nach der Wahrheit müßten [...] klar unterschieden und nicht in einer Hermeneutik der Teilhabemetapher miteinander vermischt werden.“[12]

Die Aspekte der Konfessionalität der Lehre (Reden über Religion) und die von der Wahrheit überzeugte und konfessionell bezeugende Lehrkraft (religiöse Rede) werden dabei didaktisch voneinander unterschieden. Es geht nicht darum, dass man in ehrfürchtigem Staunen vor den Texten verharrt und mittels eines Symbols auf die eine richtige Deutung kommt, sondern um das eigenständige Erschließen der evangelisch-christlichen Überlieferung. Dabei ist sowohl eine kritische Distanznahme gewährleistet, wie auch die Möglichkeit des Unverfügbaren zwischen Wort und Glaube.

12 Michael Meyer-Blanck: Vom Symbol zum Zeichen. Plädoyer für eine semiotische Revision der Symboldidaktik, in: Bernhard Dressler (Hrsg.): Symbole und Metaphern – Beiträge zu einer kritischen Bestandsaufnahme der Symboldidaktik (Arbeitshilfen Gymnasium). Loccum 1995, 22–30.

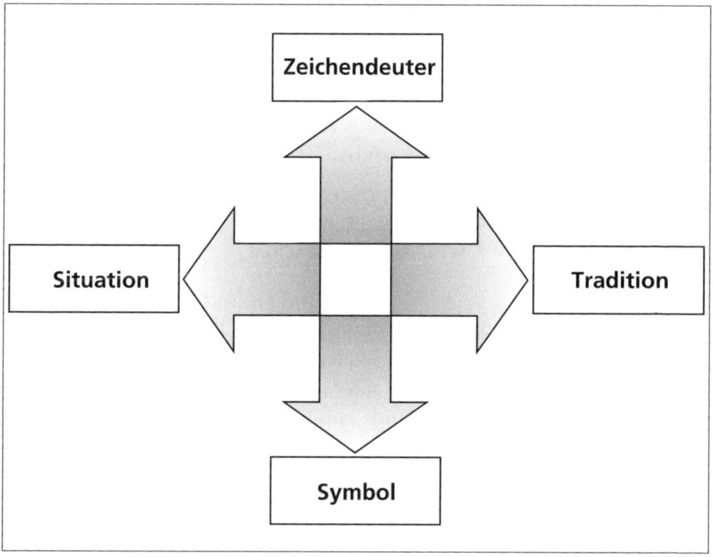

Schaubild 3: Symbolisierungs- und Zeichendidaktik

Didaktische Prinzipien

- Zentrale Aufgabe des fachdidaktischen Ansatzes der Symbolisierungs- und Zeichendidaktik ist die Unterscheidung von religiöser Rede und Reden über Religion, welche durch den Gebrauch selbst Deutlichkeit erlangt (Wechsel von Innen- und Außenperspektive). Dies bedeutet „einen erkennbaren, nachvollziehbaren und kritischen Wechsel zwischen beiden Redeformen"[13].
- Aufgrund der Bedeutung von Zeichendeuter und Zeichennutzer sollte auch der Gebrauch von Zeichen im Religionsunterricht studiert, probiert und kritisiert werden. Dabei kommt der Lehrkraft die Rolle des gleichberechtigten Zeichenbenutzers und -deuters zu. Die Lehrkraft „zeigt" Religion, indem sie selbst als bekennender Zeuge des Evangeliums auftritt und mithin einen möglichen persönlichen Deutungszugang darstellt, ohne zu überwältigen.

13 Meyer-Blanck: Symbolisierungs- und Zeichendidaktik, 44.

- Die SchülerInnen können christlich-religiöse Anschauung und Deutung direkt und konkret erleben, indem sie Kunst und Musik (z.B. in Kirchenräumen) kennenlernen, denn hier verdichten sich Sinneseindrücke und komplexe Beziehungsgeflechte (Selbst – Gott – Welt) und die Einnahme der Innenperspektive ist möglich.

Methodische Prinzipien

- Methoden, die das Erfassen von Symbolen und Zeichen aus Texten fördern: reziprokes Lesen, Lerntempo-Duett, Textspaziergang etc.
- Methoden, die die Wahrnehmung von Symbolen in Alltag und Kultur fördern: Bildbetrachtung und Bildbesprechung, Filmanalyse
- Methoden, die die Anschauung, Affektion und das Einfühlen in bestimmte Beziehungskonflikte sowie die Empathie fördern: Exkursion in ein Museum, Theater, Filmmaterial, Rollenspiel, Planspiel,
- Methoden, die sich mit biblischen Texten und deren Interpretationen beschäftigen: Exegese, Texttheater, Bibliodrama, Bibliolog etc.
- Methoden, die das Symbolhandeln, das Gestalten religiöser Rituale fördern: Singen, Verfassen und/oder Sprechen eines Gebets
- Methoden, die ein lösungsorientiertes Handeln und die verbale Ausdrucksfähigkeit fördern, um sich in Konflikten konstruktiv zu bewähren: Podiumsdiskussionen, Diskussionen anhand von Anforderungssituationen oder Fallbeispielen
- Sämtliche Methoden der Performativen Religionsdidaktik wie Texttheater, Innerer Monolog, Verfremdung von Texten etc., in sofern Symbole im Vordergrund stehen.

Kompetenzerwerb

- Die SchülerInnen vertiefen ihre Deutungs- und Wahrnehmungskompetenz, indem sie Symbole in Film, Kultur und Alltag wahrnehmen, deuten und mit ihren eigenen Erfahrungen und christlich-theologischen Begriff und Themen in Verbindung bringen.
- Die SchülerInnen lernen religiöse Praxis kennen und können christlich-religiöse Anschauung und Deutung direkt und konkret erleben, indem sie Kunst, Musik und (z.B. in Kirchenräume) kennenlernen,

denn hier verdichten sich Sinneseindrücke und komplexe Beziehungsgeflechte (Selbst – Gott – Welt) und die Einnahme der Innenperspektive ist möglich.

Konkretion am Beispiel des Symbols *Kreuz*

Der Dreischritt „Studieren, Probieren und Kritisieren“ bietet sich als praktische Vorgehensweise an, wobei die SchülerInnen den Zeichengebrauch wahrnehmen, deuten und probieren (studieren) und die Lehrkraft sowohl zum Zeichenbenutzer wird, als auch als Zeuge auftritt (probieren) und eine abschließende gemeinschaftliche Reflexion (kritisieren) erfolgt.

Studieren: Das jeweilige Thema oder z.B. Begriff – wie den jeweiligen Begriff, das Symbol *Kreuz,* gilt es in der Alltags- und Erfahrungswelt der SchülerInnen und in christlich-theologischen Kontexten wahrzunehmen. Diese Vorarbeit kann zum Teil von der Lehrkraft geleistet werden, so können z.B. aktuelle Film- und Kunstwerke unter dieser Perspektive in der Vorarbeit und im Unterricht betrachtet und untersucht werden (historisch, künstlerisch, kulturell, theologisch, interreligiös). Zu behandelnde Fragen könnten neben denen nach subjektiven Assoziationen die nach der künstlerischen Darstellungsart, dem Bedeutungswandel des Symbols *Kreuz* im historischen oder religionsübergreifenden Kontext sein.

Probieren: Gemeinsam kann zudem erarbeitet werden, wie das Symbol *Kreuz* in liturgischen und alltäglichen Kontexten genutzt wird. Auch der Bezug zu anderen Konfessionen (Formen des Kreuzzeichens, Küssen des Kreuzes etc.) ist hier gut möglich.

Kritisieren: Gemeinsam wird – nach zuvor erarbeiteten Kriterien – im Plenum gearbeitet, z.B. Deutungsoffenheit des Symbols, Vorkommen des Symbols (nur in biblischen oder auch in alltäglichen Kontexten), gesellschaftliche Anerkennung etc.

Chancen

Durch die Zurückhaltung bzw. „Gleichstellung“ der Lehrkraft als Zeichenbenutzer und -deuter wird sowohl die Entwicklung eines eigenen Standpunktes als auch die Einsicht in die Gültigkeit anderer Positionen ermöglicht, da das Prinzip der materialen Bildungsinfiltration „von oben" ausgeschaltet wird und an dessen Stelle das Prinzip gemeinschaftlichen, gleichberechtigten Erarbeitens und Deutens tritt. Dies wird dem Wesen christlicher Religion in zweierlei Hinsicht gerecht: Es erfüllt einmal den Aspekt der Gemeinschaftlichkeit als Säule christlichen Daseins und öffnet ferner die Sichtweise für ein pluralistisches Wirklichkeitsverständnis.

Der fachdidaktische Ansatz der Symbolisierungs- und Zeichendidaktik ermöglicht durch die Vielgestalt der Unterrichtsgegenstände/-ereignisse unterschiedliche Zugänge zur Religion. Performative, ästhetisch ausgerichtete Unterrichtsformen haben hier ebenso ihren Platz wie hermeneutische und konstruktivistische Ansätze etc. Damit wird einerseits das Wesen von Religion ganzheitlich und intensiv erfahrbar und andererseits werden die Identifikationsmöglichkeiten und individuellen Anknüpfungspunkte für die SchülerInnen erweitert.

Das „Studieren" und Untersuchen aus verschiedenen Blickwinkeln ermöglicht die Ausprägung multiperspektivischen Denkens, zu dem neben der Differenzkompetenz auch die Introspektion gehört, welche eine Form der Selbstwahrnehmung, also des Selbstbewusstseins und schrittweiser „Selbsterkenntnis" befördert. Den SchülerInnen wird so ermöglicht, persönlich Stellung zu einem Thema zu beziehen.

Daneben wird durch das gemeinsame Deuten bzw. „Gebrauchen" die Teamfähigkeit geschult. Beim „Probieren" geht es nicht ausschließlich um eine empfangende Haltung, sondern auch um eine aktiv gestalterische. So trägt dieser Aspekt zur Entwicklung religiöser und metaphorischer Ausdruckskraft bei.

Das eigenständige „Symboldeuten" avanciert hier partiell zum „Symbolschaffen" und fördert die Kreativität, Ausdrucksvielfalt und Handlungskompetenz der SchülerInnen. Die Bezugsetzung zwischen subjektiven Kontexten der SchülerInnen und biblischer Instanz bzw. religiösen Lösungsangeboten, Orientierungsmöglichkeiten und Argumenten durch die als Zeuge auftretende Lehrkraft kann der Entwicklung einer religiösen Identität dienen, die sich im christlichen Handeln manifestiert.

Vernachlässigte rituelle und liturgische Elemente, welche einerseits an Tradition, aber zugleich an das individuelle Verstehen der SchülerInnen gebunden sind, können wieder gefördert werden.

Grenzen

- Der fachdidaktische Ansatz selbst hält in seinen bisherigen Ausführungen leider keine Anleitungen zur methodischen Umsetzung bereit. Doch aufgrund der genannten didaktischen Prinzipien lassen sich dennoch zahlreiche methodische Entscheidungen anschließen.
- Aufgrund der Deutungsoffenheit, der geforderten symbol-ästhetischen Unterrichtsinhalte und der damit verbundenen spontanen Gesprächsbeiträge der SchülerInnen können sich Herausforderungen im Unterrichtsgespräch und in der Planung ergeben. Besonders die Moderation des Diskurses verlangt Sensibilität und Einfühlungsvermögen sowie diplomatische und mediatorische Fähigkeiten, um zwischen Standpunkten zu vermitteln und auftretende Konflikte im besten Falle konstruktiv zu lösen. Ferner muss sich die Lehrperson in der Rolle des Zeichenbenutzers in Zurückhaltung üben, um die SchülerInnen nicht zu überfordern.

Chancen/Grenzen im Hinblick auf inklusive Klassen

Chancen bietet die Symbolisierungs- und Zeichendidaktik gerade im Hinblick auf ihre besondere Eignung für heterogene bzw. multikulturelle und inklusive Klassen, insofern der Religionsunterricht entsprechend die Subjektivität der SchülerInnen und gleichsam die Verständigung im Diskurs in den Vordergrund hebt. Die Forderung nach Offenheit und Vielschichtigkeit der darzubietenden Unterrichtsgegenstände erweitert das Spektrum an (medialen und methodischen) Auswahlmöglichkeiten. Der Aspekt der Subjektorientierung und der vielfältigen Deutungsmöglichkeiten ist im inklusiven Kontext wichtig und gut umsetzbar.

Da die Lehrkraft das Wesen von Religion „zeigt“, indem sie in aller Zurückhaltung zum gleichberechtigten Deuter und Zeichenbenutzer wird, existiert innerhalb der Gruppe kein Absolutheitsanspruch, stattdessen gewinnen die SchülerInnen Motivation und Selbstvertrauen in ihre eigenen Fähigkeiten und erleben, dass sie in dieser Gemeinschaft alle dazugehören und in ihrer Unterschiedlichkeit erwünscht sind.

Eignung für folgende Schulstufen

GS; Sek I

4.3 Performative religionsdidaktische Perspektive

„Im Zentrum des religionspädagogischen Nachdenkens steht seit geraumer Zeit eine Entwicklung, die als wachsender Selbstverständlichkeitsverlust der christlichen Religion bezeichnet werden kann. Vielfach wird zur Beschreibung dieser Entwicklung von Traditionsabbruch gesprochen. [...] Zumal im Raum Schule kann religiöse Bildung nicht mehr reflexiv-nachdenkend bearbeiten, was bislang noch als in Familie und Kirche vermittelter Gegenstand des aufarbeitenden Nachdenkens vorauszusetzen war. [...] Reagiert wird darauf, dass das Christentum für eine wachsende Zahl von Kindern und Jugendlichen eine Fremdreligion geworden ist, die in ihren Gehalten wie in ihren Gestalten allererst gezeigt und erschlossen werden muss, jedenfalls nicht mehr umstandslos zum Gegenstand des Redens ‚über´ Religion gemacht werden kann. [...] Religiöse Bildung nach dem Traditionsabbruch ist auf eine Didaktik angewiesen, die in der gewachsenen Fremdheit der christlichen Religion Chancen entdeckt, die für Lernprozesse nutzbar sind – Lernprozesse, die bekanntlich am nachhaltigsten sind, wenn sie durch die Befremdung kognitiver Dissonanzen angestoßen werden. Zugleich geht es um eine Didaktik, die der Notwendigkeit entspricht, Religion allererst zu zeigen und dabei Religion als eine eigenartige Kultur symbolischer Kommunikation zu erschließen [...] Eine Didaktik, die sich die Performanz religiöser Praxis in den Blick nimmt, macht sich die Einsicht zu eigen, dass die christliche Religion nicht mitgeteilt werden kann, ohne immer auch zugleich dargestellt zu werden. [...] Der Religionsunterricht hat sich an der Gestaltung der Schule als einer ‚Proberealität' zu beteiligen, einem Raum für ‚Probedenken' und ‚Probehandeln'. Eine solche ‚Proberealität' trägt der Tatsache Rechnung, dass Religion nicht allein aus einer Außenperspektive verstanden werden kann. Freilich ist der Vollzug einer Religion in der Schule und in unterschiedlichen Lernprozessen wiederum nicht unmittelbar möglich, nicht ohne reflexive Distanzspielräume. Sonst wäre Religionsunterricht eben doch Kirche in der Schule, abgesehen davon, dass Lernprozesse nicht ohne reflexive Distanz denkbar sind und Handlungsvollzüge dabei immer wieder unterbrochen werden müssen, gewissermaßen nach dem Prinzip teilnehmender Beobachtung – weder nur Teilnahme mit Haut und Haaren, noch nur Beobachtung aus sterilem Abstand."[14]

14 Bernhard Dressler: Darstellung und Mitteilung. Religionsdidaktik nach dem Traditionsabbruch, in: rhs 1/2002, Auszüge der Seiten 11–19.

Arbeitsfragen

1. Erlaubt dieser fachdidaktische Ansatz den Lehrkräften und den SchülerInnen die Einnahme einer **Innen**- und einer **Außenperspektive**? Und kann – unter Beachtung der Innen- und der Außenperspektive – das Kennenlernen christlicher Lebenspraxis ermöglicht werden?
2. Inwiefern spiegelt dieser fachdidaktische Ansatz die gemeinsame Verantwortung von Staat und Kirche für den konfessionellen Religionsunterricht wider? Sind sowohl die **Rede über Religion** als auch die Verwendung eigener **religiöser Sprache** möglich?
3. Ermöglicht der fachdidaktische Ansatz, dass zwischen **Sachverhaltsvermutungen** und **Sprechakten** unterschieden werden kann? Können daher authentische Glaubensaussagen – die auf das nach Luther Unverfügbare hinweisen – ebenso wie eine reflektierte Ablehnung des christlichen Glaubens ermöglicht werden?
4. Ermöglicht dieser fachdidaktische Ansatz die Betrachtung des **Lerngegenstands** aus verschiedenen Blickwinkeln, die Assoziierung mit anderen Wissensinhalten, kurz: die aktive Auseinandersetzung mit dem **Lerninhalt**?

Problemlage

Insbesondere Bernhard Dressler – dann Thomas Klie, Silke Leonhard und weitere[15] – gehen davon aus, dass aufgrund des Traditionsabbruchs, dem „wachsenden Selbstverständlichkeitsverlust der christlichen Religion“[16] mittlerweile das Christentum zur Fremdreligion für die SchülerInnen geworden ist. Dies ist für die christliche Religion von besonderer Bedeutung, weil sie in einen Überlieferungszusammenhang

15 Literatur zur Performativen Religionsdidaktik: Dressler: Darstellung und Mitteilung, 11–19; Dressler: „Religiös reden“ und „über Religion reden“ lernen – Religionsdidaktik als Didaktik des Perspektivenwechsels, in: Grümme/Lenhard/Pirner (Hrsg.): Religionsunterricht neu denken, 68–78; Silke Leonhard/Thomas Klie: Performatives Lernen und Lehren von Religion, in: Grümme/Lenhard/Pirner (Hrsg.): Religionsunterricht neu denken, 90–104; Bärbel Husmann: Bibel und performative Didaktik, in: Mirjam Zimmermann/Ruben Zimmermann (Hrsg.): Handbuch Bibeldidaktik, Tübingen 2013, 434–439.

16 Dressler: Darstellung und Mitteilung, 11.

gestellt ist, an dessen Beginn keine Einsicht in ein geistiges Prinzip steht, sondern ein geschichtliches Ereignis, das als Heilshandeln gedeutet wird. Weil die theologische Lehre ein „sekundäres Reflexionsphänomen der christlichen Überlieferung"[17] ist, also stützende, erläuternde Funktion hat, verliert der Geltungsanspruch des Glaubens entscheidend an Kraft, wenn seine Überlieferungskette als religiöse Praxis abreißt.

Daher nimmt Dressler zentrale kulturwissenschaftliche Einsichten mit der Bedeutung von Symbolen, Ritualen und Performanzen[18] auf und betont insbesondere die religiöse Praxis, die SchülerInnen wieder neu gezeigt und erschlossen werden muss. Dies kann religionsdidaktisch jedoch nicht ausschließlich durch ein „Reden über Religion" erfolgen, sondern durch eigene „religiöse Rede". Die Fremdheit der christlichen Religion bietet religionsdidaktische Chancen, da Lernprozesse durch Irritationen oder kognitive Dissonanzen wieder neu angeregt werden können.

Ziel

Der Ansatz der Performativen Religionsdidaktik geht davon aus, dass Religion nicht nur mitgeteilt, sondern dargestellt und gezeigt werden muss. „Insbesondere die christliche Religion wird nur als erzählte, gestaltete, gefeierte Religion greifbar."[19] Wenn sich sowohl LehrerInnen als auch SchülerInnen in den Vollzugssinn von Religion hineinbegeben, wird Religion – durch die Einnahme einer Innenperspektive und die praktische Ingebrauchnahme – wieder verfügbar, jedoch nicht funktionalisierbar, und ein „sachangemessenes, handlungsorientiertes Verstehen von Religion als einer Praxis"[20] ist möglich.

17 Ebd., 13.
18 Vgl. Grethlein: Fachdidaktik Religion, 264.
19 Dressler: Darstellung und Mitteilung, 13.
20 Ebd., 16.

Konzeptioneller Schwerpunkt

Teilnahme an religiöser Praxis ist nur möglich, wenn man die Kommunikationsmuster und Regeln beherrscht. Zugleich muss man die Praxis auch reflexiv, aus der Distanz beobachten können. Nur dann können sich SchülerInnen urteilsfähig zur gelebten religiösen Praxis verhalten und ihre Nicht-Teilnahme bzw. Ablehnung der religiösen Praxis begründet in den Unterrichtsprozess einbringen. So kann im Religionsunterricht zugleich „religiös kommuniziert", aber auch „über Religion" reflektiert werden.

Dadurch wird auch die Differenzkompetenz gefördert, um unterschiedliche Perspektiven des Weltverstehens nachvollziehen und bewerten zu können. „Lebensführungskompetenz unter den Bedingungen moderner Lebensverhältnisse entsteht genau dann, wenn man sich darüber klar ist, dass man jeweils in einer bestimmten Perspektive zwar keine andere Welt, aber immer die eine Welt als eine andere wahrnimmt."[21]

Weil die Einnahme der Innen- und der Außenperspektive zugleich wichtig sind, ist das zentrale didaktische Element der Performativen Religionsdidaktik die Ermöglichung des „Probeaufenthalts in religiösen Welten" in der „Proberealität der Schule". Dabei ist der Begriff der Performanz zum einen im Sinne der theaterpädagogischen „Performance" wie auch im Sinne der Sprechakttheorie – als durch Sprache zugleich vollzogene Handlung – zu verstehen. Der Gehalt religiöser Kommunikation lässt sich im Modus ihrer Gestalt, z.B. von ihren performativen Sprechakten her, erschließen.

Die verschiedenen didaktischen und methodischen Prinzipien, die sich der Performativen Religionsdidaktik zuordnen lassen, erlauben das „Hineintauchen" in die biblischen Texte, sodass ein hermeneutischer Zugang mit rezeptionsästhetischen Interpretationen der SchülerInnen verbunden wird.

---

21 Dressler: „Religiös Reden und „über Religion reden" lernen, 71 (ohne Hervorhebungen).

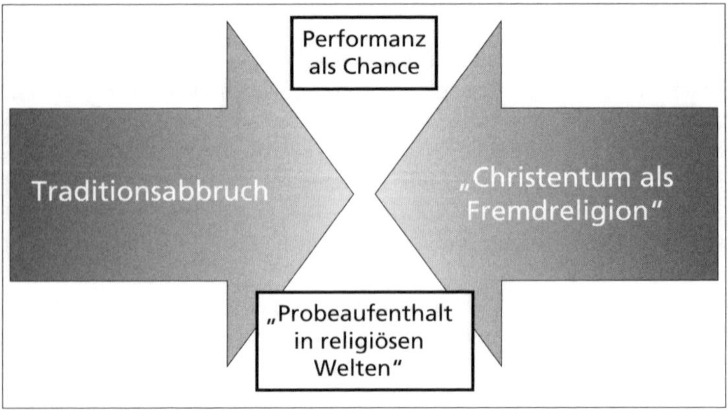

Schaubild 4: Performative Religionsdidaktik

Didaktische Prinzipien

- Didaktisch zentral ist das Arrangement von „Probeaufenthalten in religiöse Welten", welche zu den didaktischen Prinzipien wie Schüler-, Produktions-, Erfahrungs- und Handlungsorientierung führen.
- Weil religiöse Formen symbolischer Kommunikation nicht vollständig analytisch beschreibbar, aber darstellbar sind, wird das didaktische Prinzip der Performanz, des probeweisen Vollzugs, betont.
- Die Performative Religionsdidaktik evoziert zudem das Prinzip des Offenen Unterrichts, des Projektunterrichts und der Schülerorientierung mit selbsttätigem Handeln der SchülerInnen.
- Die anschließende notwendige Einnahme der kritischen Distanzierungsmöglichkeit erfordert das didaktische Prinzip der Kommunikationsfähigkeit, sodass Mündigkeit, Kritik, Reflexion und Emanzipation ermöglicht wird.

Methodische Prinzipien

- Methoden, die einen darstellenden und spielerischen Charakter haben: Texttheater, Standbilder, Nacherzählung, szenisches Spiel, Rollenspiele, Improvisationstheater, Planspiel,
- Methoden, die Wahrnehmung von Symbolen und von religiösen Elementen in Alltag und Kultur fördern: Bildbetrachtung, Filmanalyse, Analyse von Werbung und Ritualen im Sport,
- Methoden, die die Anschauung, Affektion und das Einfühlen in bestimmte Beziehungskonflikte sowie die Empathie fördern: Exkursion in ein Museum, Theater, Moschee, Synagoge, Kirchenraumpädagogik, Raum der Stille erleben,
- Methoden, die sich mit biblischen Texten und den Interpretationen beschäftigen: Innerer Monolog, Perspektivwechsel, Tagebucheinträge, Verfremdung, Bibliodrama, Bibliolog, Schreiben von Drehbüchern,
- Methoden, die das Gestalten und Ausführen religiöser Rituale fördern: Singen, Verfassen und/oder Sprechen eines Gebets.

Kompetenzerwerb

- Die SchülerInnen erwerben die Kompetenz, sich mit biblischen Texten auseinanderzusetzen, da sie den Text wahrnehmen (Wahrnehmungskompetenz und Sachkompetenz).
- Die SchülerInnen erwerben eine rezeptionsästhetische und bibeldidaktische Kompetenz, da sie ihre eigenen Erfahrungen und ihren Bezug zum biblischen Text einbringen und damit Sinn neu konstituieren (Interpretations- und Deutungskompetenz).
- Die SchülerInnen erwerben die Kompetenz, religiöse Sprache einzunehmen und sich wieder von ihr distanzieren zu können (Rede über Religion).
- Die SchülerInnen können religiöse Kommunikationsmuster wahrnehmen und deuten (Wahrnehmungs- und Deutungskompetenz).
- Die SchülerInnen erwerben durch die religiöse Sprache eine Partizipationskompetenz, weil sie begründet an religiösen Ritualen teilnehmen können.
- Die Differenzkompetenz und die Lebensführungskompetenz werden gefördert, indem die SchülerInnen durch die Darstellung der eigenen

Religion Kriterien zum Beurteilen anderer Religionen oder weltanschaulicher Gruppierungen entwickeln und die Sichtweisen anderer nachvollziehen können.

Konkretion am Beispiel der Wundergeschichte vom *Blinden Bartimäus* (Mk 10, 46–52)

Aus der Performativen Religionsdidaktik ergeben sich folgende fachdidaktische Prinzipien als Strukturhilfen: das Anbieten der hermeneutischen Grundlage, z.B. eines biblischen Textes, das Eröffnen eines „Probeaufenthalts in einer religiösen Welt" sowie die Ermöglichung eines kritischen Distanzspielraums.

Anbieten einer hermeneutischen Grundlage: Die SchülerInnen lernen eine Wundergeschichte als biblische Textgattung kennen. In der Diskussion um Wundererzählungen im Religionsunterricht gibt es eine Vielzahl von Deutungsmodellen – supranaturalistisch, rationalistisch, kerygmatisch etc. –, wobei für einen offenen Umgang mit der Wunderfrage zu plädieren ist. So sollte der Schwerpunkt auf der Frage liegen: „Warum erzählt jemand dieses genauso über Jesus?"

Ermöglichung eines „Probeaufenthalts in einer religiösen Welt": Zunächst sollte die Lehrkraft ihren eigenen Bezug zum biblischen Text und ihr eigenes Deutungsmodell zur Wunderfrage klären. Ohne persönlichen Bezug ist weder die eigene Einnahme einer „Proberealität" möglich, noch kann diese ermöglicht werden.

Impulse, die eine Proberealität einleiten, können Bilder oder Verse der Heilungsgeschichte sein, die die SchülerInnen selbst ausgewählt haben und die im Sinne des Texttheaters interpretiert werden.

Ermöglichung eines kritischen Distanzspielraumes: Bei der Reflexion ist es wichtig, dass pädagogisch abwegige Interpretationen dennoch als motivierender Faktor gewürdigt werden. Es sollte aber ein Korrektiv und eine Überleitung zum theologischen Gehalt erfolgen.

Wenn zum Beispiel der Vers „Dein Glaube hat dir geholfen" (Mk 10,52) so dargestellt wird, dass sich die SchülerInnen vor dem Aufzug stellen und betend ihre Hände in die Höhe halten, bis die Aufzugtür aufgeht und dann der Satz „Dein Glaube hat dir geholfen" im Chor erschallt, kann die Lehrkraft nachfragen: „Warum habt ihr die gefalteten Hände gewählt, als ihr vor der Aufzugtür standet?" und damit in eine Diskussion einsteigen.

Chancen

- Viele Darstellungsformen von Religion wie Rituale, Symbole etc. werden in den Unterricht aufgenommen und ermöglichen daher einen motivierenden Zugang zur christlichen Praxis.
- Die Performative Religionsdidaktik kann im evangelischen und im katholischen Religionsunterricht aufgenommen werden.
- Die didaktischen und methodischen Prinzipien bieten vielfältige und abwechslungsreiche Lernarrangements, wobei sich insbesondere die Methoden Texttheater, Bibliolog und Bibliodrama sehr gut für biblische Texte eignen.
- Die Performative Religionsdidaktik ermöglicht sowohl das Einnehmen der konfessionellen Innenperspektive, wenn ein Ritual durchgeführt wird, aber auch die Einnahme einer Außenperspektive durch den anschließenden reflexiven Distanzspielraum oder eine begründete Nichtteilhabe.

Grenzen

- Die Ziel- und Inhaltsangaben sowie der Begriff von „Religion" sind nicht immer deutlich.
- Aufgrund der Vielfalt an methodischen, medialen und kreativen Zugängen und der Interpretationen der SchülerInnen besteht die Gefahr, dass der theologische Gehalt der Unterrichtsstunde verloren gehen kann, insbesondere wenn die Phase der Reflexion zu kurz kommt. Zudem ist zu beachten, dass die darstellenden Formen der Performativen Religionsdidaktik auch zu einem unangemessenen Veralbern religiöser Inhalte führen können. Schwierig ist es auch, als Lehrkraft im Diskurs mit den SchülerInnen den theologischen Gehalt als Korrektiv einzubringen.
- Nicht alle SchülerInnen können gut mit den darstellenden und inszenierenden Methoden umgehen bzw. werden von diesen angesprochen. Dies erfordert eine gute und sensible Einübungsphase und eine Lernarrangement, das alle anspricht.
- Es bleibt fraglich, inwiefern religiöse Sprachformen wie z. B. ein Gebet, probeweise in Gebrauch genommen werden und eingeübt werden können. Denn das System Schule bietet für die SchülerInnen oftmals keinen Proberaum, sondern ein Lebensraum. Hier ist auf das didaktische und theologische Problem hinzuweisen, dass es immer um die Gratwande-

rung zwischen „Kirche in der Schule“ und einem Religionsunterricht mit Anschauung von christlicher Lebens- und Feierpraxis geht.

Chancen/Grenzen im Hinblick auf inklusive Klassen

Chancen bietet die Performative Religionsdidaktik, wenn den SchülerInnen verschiedene Wahlaufgaben gestellt werden – und nicht nur das Texttheater durchgeführt wird –, denn SchülerInnen mit Förderbedarf in körperlicher und motorischer Entwicklung können darstellende Formen u.U. nicht oder nur schwer durchführen.

Es kann auch schwierig sein – z.B. für SchülerInnen mit dem Förderbedarf Lernen oder Sprache – den reflexiven Distanzspielraum einzunehmen. Hier kann zum einen die Gefahr bestehen, dass die Innenperspektive zwar eingenommen, aber die Distanz kognitiv nicht wahrgenommen werden kann. Ebenso können manche SchülerInnen nicht auf der sprachlichen Ebene reflektieren, hier müssen andere Reflexionsmethoden eingesetzt werden, z.B. zeichnen lassen, Handzeichen geben, Bewegungszuordnungen herstellen etc.

Wenn die Lehrkraft und die SchülerInnen Religion „darstellen“, werden sie zu einer Interpretations- und Deutungsgemeinschaft, sodass die SchülerInnen Motivation und Vertrauen in ihre eigenen Fähigkeiten gewinnen und erleben, dass sie in dieser Gemeinschaft alle dazugehören und in ihrer Unterschiedlichkeit erwünscht sind, wodurch der Grundgedanke von Inklusion gewährleistet wird.

Eignung für folgende Schulstufen

GS; Sek I; Sek II

4.4 Elementarisierende Perspektive

„Am häufigsten begegnet der Religionspädagogik eine Erwartung, die sich religionsdidaktisch allerdings rasch als Missverständnis herausstellt: Viele, die nach Elementarisierung verlangen, meinen damit so etwas wie eine ‚Mini-Theologie' – eine Theologie im Westentaschenformat, die sich, zugespitzt formuliert, nach dem berühmten Modell des Nürnberger Trichters an Kinder und Jugendliche vermitteln lässt. [...] Vereinfachung, Auswahl und Konzentration sind bei dieser – problematischen – Erwartung die zureichenden Maßstäbe einer Theologie, für die dann aber eher der Begriff der Elementartheologie als der einer religionsdidaktischen Elementarisierung zutrifft. [...]

Der wichtigste Anstoß für den Elementarisierungsansatz erwächst aus der Frage, wie guter Religionsunterricht so gestaltet werden kann, dass er eine ‚fruchtbare', authentische und lebensbezogene Begegnung zwischen den Inhalten oder Themen einerseits und den Kindern und Jugendlichen andererseits ermöglichen kann. [...]

Der Elementarisierungsansatz wird zunächst durch die beschriebene Intention bestimmt, eine Konzentration auf pädagogisch elementare – also von den Inhalten wie von den Kindern und Jugendlichen (oder Erwachsenen) her grundlegend bedeutsame und für sie zugängliche – Lernvollzüge zu unterstützen [...] Im Laufe der Zeit haben sich dazu bestimmte Fragerichtungen bzw. Dimensionen bewährt, die einer mehrperspektivischen Erschließung des Verhältnisses zwischen den Inhalten und Themen einerseits und den Kindern und Jugendlichen andererseits dienen. Im Einzelnen geht es um folgende Fragerichtungen:

- elementare Strukturen
- elementare Erfahrungen
- elementare Zugänge
- elementare Lernformen
- elementare Wahrheiten"[22].

22 Friedrich Schweitzer: Elementarisierung im Religionsunterricht. Erfahrungen, Perspektiven, Beispiele, Neukirchen-Vluyn 2003, 11–14.

Arbeitsfragen

1. Erlaubt dieser fachdidaktische Ansatz den Lehrkräften und den SchülerInnen die Einnahme einer **Innen**- und einer **Außenperspektive**? Und kann – unter Beachtung der Innen- und der Außenperspektive – das Kennenlernen christlicher Lebenspraxis ermöglicht werden?
2. Inwiefern spiegelt dieser fachdidaktische Ansatz die gemeinsame Verantwortung von Staat und Kirche für den konfessionellen Religionsunterricht wider? Sind sowohl die **Rede über Religion** als auch die Verwendung eigener **religiöse Sprache** möglich?
3. Ermöglicht der fachdidaktische Ansatz, dass zwischen **Sachverhaltsvermutungen** und **Sprechakten** unterschieden werden kann? Können daher authentische Glaubensaussagen – die auf das nach Luther Unverfügbare hinweisen – ebenso wie eine reflektierte Ablehnung des christlichen Glaubens ermöglicht werden?
4. Ermöglicht dieser fachdidaktische Ansatz die Betrachtung des **Lerngegenstands** aus verschiedenen Blickwinkeln, die Assoziierung mit anderen Wissensinhalten, kurz: die aktive Auseinandersetzung mit dem **Lerninhalt**?

Problemlage

Die elementarisierende Perspektive (lat. *elementum*: 1. Grundstoff, Grundbestandteil und 2. Anfangsgründe, Anfänge) wird auch als Tübinger Elementarisierungsmodell bezeichnet. Es ist insbesondere durch die beiden Tübinger Religionspädagogen Friedrich Schweitzer und Karl Ernst Nipkow – nach verschiedenen Vorläuferversionen – in der Mitte der 1990er-Jahre in seiner bis heute maßgeblichen Gestalt mit fünf Dimensionen – erarbeitet worden. Dabei nimmt es bekannte Aspekte zur „Elementarisierung" auf und strukturiert diese nach bestimmten Kriterien.

Die Elementarisierung ist ein religionsdidaktisches Modell, das eine Konzentration auf elementare – also von den Inhalten ebenso wie von den SchülerInnen her grundlegend bedeutsame – Lernvollzüge unterstützen soll. Der fachdidaktische Ansatz der Elementarisierung beansprucht dabei, keine „Elementartheologie" und auch keine so genannten „Mini-Theologie" zu sein, d.h. keine vereinfachte Form einer theologischen Erkenntnis, bei welcher auf den Bezug zu den Lernenden verzichtet wird. Sondern das Elementare wird immer von zwei Seiten aus bestimmt, zum einen im Blick auf die Sache und zum andern im Hinblick auf die Lernenden.

Ziel

Das Ziel der Elementarisierung ist die Doppelbewegung bzw. Doppelpoligkeit zwischen Subjekt und Sache: Die Inhalte sollen sich für die lernenden Personen erschließen und die lernenden Personen sollen für die Sache erschlossen werden. Dabei wird die Auffassung vertreten, dass sich eine erfolgreiche Elementarisierung weder auf dem Wege einer bloßen Vereinfachung theologischer Inhalte noch allein durch eine Betonung der Erfahrungs- und Lebenswelt der Lernenden erreichen lässt.

Konzeptioneller Schwerpunkt

Das Elementarisierungsmodell umfasst fünf Fragerichtungen der didaktischen Erschließung, durch die das Verhältnis zwischen dem Thema und den SchülerInnen erschlossen wird. Die Reihenfolge der Fragerichtungen ist zwar beliebig, da es um eine analytische Unterscheidung geht, doch hat es sich bewährt mit den elementaren Strukturen zu beginnen.

Die *elementaren Strukturen* – als das grundlegend Einfache – dienen der Erarbeitung der zentralen inhaltlichen Aspekte, Zusammenhänge und Aussagen, die herausgearbeitet werden. Hier soll direkt schon der Bezug auf eine bestimmte Lerngruppe mit gedacht werden, für die nicht gleichermaßen alle inhaltlichen Aspekte in Frage kommen. Durch die didaktische Reduktion der Stofffülle und die Vereinfachung des Schwierigen und Komplexen tritt das Wesentliche eines Themas hervor.

Das Beschreiben und Antizipieren der *elementaren Erfahrungen* – als das subjektiv Authentische – dient der Wahrnehmung von lebensweltlichen Zusammenhängen, von denen her SchülerInnen einem Thema begegnen bzw. auf die hin ein Thema ausgelegt werden kann. Die Erfahrungen des heutigen Menschen werden im Sinne der Erfahrungs- und Schülerorientierung ebenso wie die Erfahrungshintergründe der Adressaten des biblischen Textes aufgenommen. Die Betonung der Erfahrungshintergründe soll die Verknüpfung mit den gegenwärtigen Erfahrungen von Kindern und Jugendlichen erleichtern.

Das Wahrnehmen der *elementaren Zugänge* – als das zeitlich Angemessene – dient der Beschreibung von besonderen Zugangs- und Deutungsweisen von Kindern und Jugendlichen im Unterschied zu Erwachsenen. Grundlage dafür sind entwicklungspsychologische sowie konstruktivistische Theorien, empirische Untersuchungen, kinder- und jugendtheologische Gespräche. Dadurch wird der Unterrichtsinhalt mit den Augen der Kinder und Jugendlichen wahrgenommen und die unterschiedlich möglichen Verstehens- und Deutungsweisen, Weltzugänge und Weltbilder werden beachtet.

Das Beschreiben von *elementaren Wahrheiten* – als das gewiss machende Wahre – dient der Identifikation der existenziellen Bezüge oder Gewissheiten, die bei einem Thema oder in einer biblischen Geschichte etwa als Glaubensfragen angesprochen oder enthalten sind. Hier soll zum Beispiel der Frage nach Wahrheit bzw. Vertrauenswürdigkeit der überlieferten Glaubensweisen und nach der Bedeutung früherer Erfahrungen für heutiges Leben und Glauben konstitutiv Raum gegeben werden. Es soll dabei nicht um die Vermittlung feststehender Wahrheiten ohne Möglichkeiten des kritischen Be- und Hinterfragens gehen, sondern Wahrheiten werden als biblische Geschichten verstanden, in denen es um eine Sicht auf den Menschen aus der Perspektive des Glaubens geht.

Die *elementaren Lernformen* – als die elementare pädagogische Lernkultur – dienen der Suche nach Formen des Lehrens und Lernens, die der Besonderheit des Themas gerecht werden. Dabei sollen die unterschiedlichen Aspekte des Lernens (kognitiv, affektiv, handlungsorientiert) sowie kreative Möglichkeiten der Gestaltung im Anschluss an die aktuelle Methodik in der Unterrichtsvorbereitung reflektiert werden. Kinder und Jugendliche sollen als aktive Subjekte tätig werden, ihre Erfahrungen einbringen und neue Erfahrungen machen. Die Verantwortungsübernahme durch das produktions- und handlungsorientierte Lernen soll hinzugezogen und das aktive Sich-Auseinandersetzen mit Fragen und Widersprüchen ermöglicht werden.

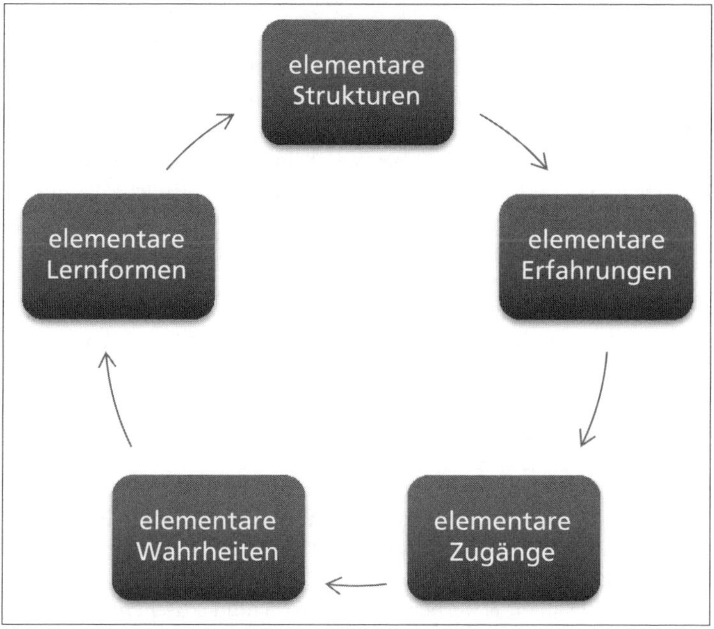

Schaubild 5: Aspekte der Elementarisierung

Didaktische Prinzipien

- Aus dem fachdidaktischen Prinzip der verschiedenen Fragerichtungen ergeben sich die Didaktik des Perspektivwechsels sowie die wechselseitige Erschließung und Bewegung von Rezipient und biblischem Text bzw. theologischem Thema.
- Die fachdidaktische Fragerichtung in Bezug auf die Lernformen verweist auf die didaktischen Prinzipien von Handlungsorientierung, Produktionsorientierung, Erfahrungsorientierung.

Methodische Prinzipien

- Methoden, die sich aus der Handlungs- und Produktionsorientierung ergeben: Rollenspiele, Gestaltung von Portfolios, szenisches Darstellen, Erstellen eines Podcasts etc.,
- Methoden, die die Erfahrungen von SchülerInnen aufnehmen: kindertheologische Gespräche, jugendtheologische Gespräche, Podiumsdiskussion etc.,
- Methoden, die sich mit biblischen Texten und Interpretationen beschäftigen und auch Perspektivenwechsel ermöglichen: Exegese, Texttheater, Bibliodrama, Bibliolog etc.,
- kreative Methoden wie Gestalten, Malen, Singen, Musizieren etc.

Kompetenzerwerb

- Die SchülerInnen erwerben rezeptionsästhetische, bibeldidaktische Kompetenzen, da sie ihre eigenen Erfahrungen und ihren Bezug zum biblischen Text einbringen und damit Sinn neu konstituieren (Interpretations- und Deutungskompetenz).
- Die SchülerInnen erwerben durch den fachdidaktischen Ansatz der Elementarisierung eine Methodenkompetenz, da sie sich auf unterschiedliche Weise mit den biblischen Texten oder Themen auseinandersetzen.

Konkretion am Beispiel der Ganzschrift *Oskar und die Dame in Rosa* von Eric-Emmanuel Schmitt[23]

Aus dem fachdidaktischen Ansatz der Elementarisierung ergeben sich folgende fachdidaktische Prinzipien als Strukturhilfen: das Antizipieren und Einbringen der Erfahrungen der Kinder (elementare Erfahrungen),

23 Eric-Emmanuel Schmitt: Oskar und die Dame in Rosa, 12. Aufl. Frankfurt/M. 2014. Hilfreiche Lektüre zur Vorbereitung der Ganzschrift: Lutz Friedrichs: Produktive Irritationen. Eric-Emmanuel Schmitts Bestseller „Oscar und die Dame in Rosa" religionspädagogisch und homiletisch gesehen, in: Pastoraltheologie: Monatsschrift für Wissenschaft und Praxis in Kirche und Gesellschaft, Göttingen, Heft 10 (2011), 490–502.

das Wissen um die entwicklungspsychologischen Strukturen und entsprechende Weltbilder (elementare Zugänge), die daran anknüpfende fachwissenschaftliche Vorbereitung der Lehrkraft (elementare Strukturen), das In-Bezug-Setzen der „Wahrheiten" der Kinder mit den „Wahrheiten des Textes" (elementare Wahrheiten) und die didaktisch-methodische Umsetzungsmöglichkeiten (elementare Lernformen).

Elementare Strukturen: Das Buch *Oskar und die Dame in Rosa* bietet eine lebensweltlich orientierte Möglichkeit, sich der Thematik „Tod und Sterben" und „Gottesvorstellungen" anzunähern. Der zehnjährige Oskar ist unheilbar an Leukämie erkrankt und weiß, dass er sterben wird. Doch alle Menschen in seinem Umfeld tabuisieren das Thema Tod, bis er auf die ehrenamtliche Helferin „Oma Rosa" trifft. Sie stellt sich seinen Fragen und rät Oskar, sich vorzustellen, dass jeder Tag seines Lebens so lange wie zehn Jahre sei. Und diese Zeit solle er nun nutzen und auch seine Erlebnisse, Gedanken und Gefühle in Briefen an Gott aufschreiben. In 13 Briefen wird der Leser mit in Oskars Leben hineingenommen. Und auch, wenn am Ende Oskar stirbt, kann sich in einem letzten Brief Oma Rosa an Gott wenden und ihm für die Begegnung mit Oskar danken.

Als „Kern der Sache" ist die Theodizee-Problematik zu erkennen, denn diese Frage taucht im Buch immer wieder auf. So verweist das Buch zum einen auf das allzu menschliche Gefühl, keine Antworten auf drängende Lebensfragen zu bekommen, zum andern auf mögliche Orientierungsmöglichkeiten einer Gottesvorstellung.

Elementare Erfahrungen: Die Kinder bringen ihre Perspektive und ihre Erfahrungen mit dem Thema „Tod und Sterben" und ihre „Gottesvorstellungen" ein. Weil der Protagonist Oskar zunächst auch keinerlei Vorstellung von Gott hat, können sich die Kinder gut mit ihm identifizieren. Die Vorerfahrungen der Kinder können durch entsprechende Impulse der Lehrkraft erhoben und strukturiert werden. Z.B. kann hier – statt einer Aufgabe, die sofort den Gottesbegriff thematisiert (z.B. „Gott ist für mich wie ...") auch gefragt werden „Was gibt dir Halt im Leben? Was trägt dich? Was gibt dir Kraft?"

Darüber hinaus können die SchülerInnen – anhand von Oskars Erlebnissen im Krankenhaus – ihre eigene Suche nach Anerkennung, Angst vor Ablehnung, Gefühle von Zuneigung, die Frage nach Leid und Schmerz einbringen. Impulse bieten zudem die Fragen von Oskar: „Wozu gibt es überhaupt Schmerzen?", „Gibt es Menschen, die sich über den Tod freuen würden?", „Was ist das Unbekannte?", „Warum lässt Gott es zu, dass man krank wird?“ „Wird man nur geliebt, wenn man gesund ist?“

Elementare Zugänge: Die Gottesvorstellung von Oskar ist sehr konkret und bildlich bzw. leiblich, so kann er Gott um einen Besuch im Krankenhaus bitten und ihm Briefe schreiben, doch dies muss nicht auf alle Kinder zutreffen. In einer Schulklasse ist von höchst differenzierten Gottesvorstellungen in der Klasse auszugehen. Die gängigen Stufenmodelle mit der Betonung der kognitiven Reife für die religiöse Entwicklung können lediglich Anhaltspunkte bieten, jedoch sind hier keine differenzierten Voraussagen für eine Schulklasse möglich. Deshalb ist darauf zu achten, dass die differenzierten Gotteskonzepte von den SchülerInnen erfragt und diagnostiziert werden. Gute Möglichkeiten, um die Ausgangslage zu erfassen, bieten zum Beispiel Materialcollagen, eigene Zeichnungen, Schnipselcollagen, Lieder, Zeichnungen zu Fantasiereisen, Knetfiguren etc.[24]

Elementare Wahrheiten: Den grundlegenden Fragen der Kinder stellt das Buch auch grundlegende „Antworten“ gegenüber. Oma Rosa erklärt Oskar, der Gott mit dem Weihnachtsmann gleichstellt: „Jedesmal wenn du glaubst, wird es ihn ein bisschen mehr geben. Und wenn du dranbleibst, wird er ganz und gar für dich da sein. Und er wird dir Gutes tun.“[25] Ebenso bietet ein leidendes Gottesbild Möglichkeiten, elementare Wahrheiten zu erarbeiten. Mit der Vorstellung eines leidenden Gottesbildes am Kreuz, welche Oskar zunächst erschreckt, kann eine thematische Verbindung zur Kreuzestheologie gezogen werden: Luther führt in der Heidelberger Disputation von 1518 aus, dass nur derjenige ein Theologe zu nennen sei, der auch „die dem Menschen zugewandte Rückseite Gottes erkennt“. Diese „Rückseite Gottes“ könne wiederum nur

24 Vgl. anschaulich: Anna-Katharina Szagun: Glaubenswege begleiten – Neue Praxis religiösen Lernens, Hannover 2013, sowie Dies.: Dem Sprachlosen Sprache verleihen. Rostocker Langzeitstudie zu Gottesverständnis und Gottesbeziehung von Kindern, die in mehrheitlich konfessionslosem Kontext aufwachsen (Reihe: Kinder erleben Theologie, Bd. 1, hrsg. von Anna-Katharina Szagun und Klaus Kießling), Jena 2006. Für die religionspädagogischen Anregungen bin ich Lara Veith dankbar, die sich in ihrer Masterarbeit intensiv mit der Thematik auseinandersetzte: Dies., Elementarisierung im Religionsunterricht in der Grundschule zur Thematik „Tod und Sterben“ – am Beispiel von „Oskar und die Dame in Rosa“ von Eric Emmanel Schmitt, Dortmund 2013 (nicht publiziert).

25 Schmitt: Oskar und die Dame in Rosa, 20.

„durch Leiden und Kreuz erblickt"[26] werden. Oma Rosa kann hier die Wahrheiten der Kinder aufnehmen: „Denk nach, Oskar. Wem fühlst du dich näher? Einem Gott, der nichts fühlt, oder einem Gott, der Schmerzen hat?"[27]

Auch der Aspekt, dass Krankheit und Tod nicht als Strafe gesehen werden, kommt in dem Buch als elementare Wahrheit zum Tragen. Weitere Aspekte, die erarbeitet werden können: Ohnmacht von Eltern, wenn das Kind schwer erkrankt ist; die Sehnsucht nach Nähe und Geborgenheit, die sich in einer Gottesvorstellung ausdrücken kann.

Elementare Lernformen: Der Einsatz der Ganzschrift kann durch Vorlesen, Einspielen von Filmszenen und Lesen des ganzen Buches, durch Standbilder, Rollenspiele, Identifikation und Irritation durch die Figur der „Oma Rosa" erfolgen. Die Dialogform und die zahlreichen Fragen von Oskar fordern zu Gesprächen in der Klasse auf. Gebete in Form eines Briefes können ebenso von den SchülerInnen der Klasse verfasst werden. Hier ist eine besonders gute Verknüpfung mit den verbalkommunikativen Methoden des fachdidaktischen Ansatzes der Kindertheologie möglich.

Chancen

Das Modell besticht durch seine gut strukturierte und nachvollziehbare Anwendbarkeit auf biblische Texte und durch Plausibilität. Insbesondere bei biblischen Texten oder markanten Themen wie „Tod und Trauer", „Taufe", „Abendmahl" etc. ist es aufgrund seiner nachvollziehbaren und leicht lernbaren Struktur ein gut anwendbares Instrumentarium.

Zudem lässt sich der Elementarisierungsansatz gut mit anderen Ansätzen, etwa der Symbolisierungs- und Zeichendidaktik sowie der Kinder- und Jugendtheologie, aber auch mit der performativen Religionsdidaktik verbinden, gerade weil im Bereich der „elementaren Lernformen" z.B. kindertheologische Gespräche ermöglicht oder performative Methoden eingesetzt werden können.

26 WA 1, 362, 2f./Lateinisch-Deutsche Studienausgabe 1, 53, 11–13.

27 Schmitt: Oskar und die Dame in Rosa, S. 64.

Grenzen

- Schwierigkeiten ergeben sich in der Anwendung des Modells bei ethischen Themen, da die direkte Ableitung ethischer Wahrheiten aus der theologischer Argumentation heraus Ansätze ethischer Urteilsbildung (z.B. nach H. E. Tödt) zu wenig in den Blick nimmt.
- Ebenso lassen sich Themen wie „Kirchenfestkreis" oder „Symbole" schwer erfassen, da hier die „elementaren Strukturen" und „elementaren Wahrheiten" nicht unbedingt greifbar sind.
- Auch die Anwendbarkeit bei systematisch-theologischen Begriffen wie „Trinität", „Rechtfertigungslehre", „Ekklesiologie" ist schwierig, da die beiden Bereiche der „elementaren Strukturen" und „elementaren Wahrheiten" aufgrund der Notwendigkeit dogmatischer Grundlagen wenig Spielraum für „Wahrheiten" der Kinder geben.
- Die Betonung der „elementaren Zugänge" kann dazu führen, dass vorschnell entwicklungspychologische Stufenmodelle als Orientierungshilfe genutzt werden, sodass der Blick auf differenziertere Vorstellungen und Möglichkeiten versperrt bleibt.

Chancen/Grenzen im Hinblick auf inklusive Klassen

Der fachdidaktische Ansatz der Elementarisierung ist im Hinblick auf einen inklusiven Religionsunterricht gut umzusetzen, da sich aufgrund der Handlungs- und Produktionsorientierung des Ansatzes zahlreiche Möglichkeiten zur Binnendifferenzierung ergeben.

Eignung für folgende Schulstufen
GS; Sek I; Sek II

4.5 Kindertheologische Perspektive

„1. In Anlehnung an das Philosophieren kann das Theologisieren als die gemeinsame Suche nach Antwortmöglichkeiten auf theologische Fragen und Problemstellungen verstanden werden.
2. Kinder und Jugendliche sind in der Lage, eigene Gedanken und Vorstellungen zu theologischen Fragen nicht nur zu artikulieren, sondern auch gedanklich zu durchdringen und weiterzuentwickeln.
3. Die ‚Theologie von Kindern und Jugendlichen' ist eine Spielart von Theologie, die mit der wissenschaftlichen Theologie zwar nicht gleichzusetzen ist, die sie jedoch irritieren, bestätigen oder ergänzen kann.
4. Biblische und (systematisch-)theologische Inhalte sind im Rahmen des Theologisierens als Deutungsangebote zu verstehen, die Kindern und Jugendlichen bei der eigenständigen Antwortsuche auf religiöse Fragen helfen können.
5. Das Theologisieren bietet Kindern und Jugendlichen einen geschützten Raum, in dem sie ihre eigene Religiosität reflektieren und weiterentwickeln können.
6. Das Theologisieren hilft, zwei wesentliche Ziele religiöser Bildung zu erreichen, nämlich kognitive Klarheit (also die Ordnung der religiösen Vorstellungen) und emotionale Sicherheit (d.h. die Begegnung mit Antwortmöglichkeiten auf existenzielle Fragen).
7. Das Theologisieren fordert von allen Beteiligten ein hohes Maß an Sensibilität sowie eine offene Gesprächskultur.
8. Die Bereitschaft, sich auf einen offenen und gleichberechtigten Dialog zu theologischen Fragen und Themen einzulassen, stellt eine Bereicherung für Lernende und Lehrende dar."[28]

Arbeitsfragen

1. Erlaubt dieser fachdidaktische Ansatz den Lehrkräften und den SchülerInnen die Einnahme einer **Innen**- und einer **Außenperspektive**? Und kann – unter Beachtung der Innen- und der Außenperspektive – das Kennenlernen christlicher Lebenspraxis ermöglicht werden?
2. Inwiefern spiegelt dieser fachdidaktische Ansatz die gemeinsame Verantwortung von Staat und Kirche für den konfessionellen Religionsunterricht wider? Sind sowohl die **Rede über Religion** als auch die Verwendung eigener **religiöser** Sprache möglich?
3. Ermöglicht der fachdidaktische Ansatz, dass zwischen **Sachverhaltsvermutungen** und **Sprechakten** unterschieden werden

28 Annike Reiß/Petra Freudenberger-Lötz: Didaktik des Theologisierens mit Kindern, in: Grümme/Lenhard/Pirner (Hrsg.): Religionsunterricht neu denken, 133–145.

kann? Können daher authentische Glaubensaussagen – die auf das nach Luther Unverfügbare hinweisen – ebenso wie eine reflektierte Ablehnung des christlichen Glaubens ermöglicht werden?

4. Ermöglicht dieser fachdidaktische Ansatz die Betrachtung des **Lerngegenstands** aus verschiedenen Blickwinkeln, die Assoziierung mit anderen Wissensinhalten, kurz: die aktive Auseinandersetzung mit dem **Lerninhalt**?

Problemlage

Der Fokus des fachdidaktischen Ansatzes der Kindertheologie – insbesondere durch Anton Bucher, Gerhard Büttner, Friedrich Schweitzer, Petra Freudenberger-Lötz und anderen Religionspädagogen etabliert – nimmt die notwendige Subjektorientierung auf, wobei Kinder als Subjekte und Ko-Konstrukteure ihrer Lebenswelt gelten. Daher geht es um eine gleichberechtigte dialogische Vermittlung einer Theologie von, für und mit Kindern, bei der die Heranwachsenden innerhalb eines gemeinsamen theologischen Gedankenaustauschs versuchen, theologische Frage- und Problemstellungen zu klären.[29]

29 Vgl. im Folgenden: Anton Bucher: Kindertheologie: Provokation? Romantismus? Neues Paradigma? in: ders. u.a. (Hrgs.), „Mittendrin ist Gott.“ Kinder denken nach über Gott, Leben und Tod, in: JBKTh1 (2002), 9-27.; Friedrich Schweitzer: Was ist und wozu Kindertheologie?, in: JBKTh 2 (2003), 9–18; Büttner: Die Kindertheologie und die Theologie; Henning Schluß: Kindertheologische Differenzierungen – Zwei Fragen zur Kindertheologie, in: JBKTh 7 (2007), 21–24; Friedhelm Kraft/Martin Schreiner: Zehn Thesen zum didaktisch-methodischen Ansatz der Kindertheologie, in: Theo-Web. Zeitschrift für Religionspädagogik 6 (2007), Heft 1, 21–24; Friedhelm Kraft: Theologische Gespräche mit Kindern und Jugendlichen, in: Loccumer Pelikan 4 (2012); Petra Freudenberger-Lötz: Theologische Gespräche mit Kindern. Untersuchungen zur Professionalisierung Studierender und Anstöße zu forschendem Lernen im Religionsunterricht. Stuttgart 2007; Mirjam Zimmermann: Kindertheologie als theologische Kompetenz von Kindern. Grundlagen, Methodik und Ziel kindertheologischer Forschung am Beispiel der Deutung des Todes Jesu. Neukirchen-Vluyn 2010, S.112–115; Marcell Saß: „Maria war die Frau von Jesus?“ Chancen und Grenzen kindertheologischer Zugänge, in: JBKTh 10, (2011), 133–152; Reiß/Freudenberger-Lötz: Didaktik des Theologisierens mit Kindern, 133–145; Bernhard Dressler: Zur Kritik der „Kinder- und Jugendtheologie“, in: Zeitschrift für Theologie und Kirche, 111, (2014), Heft 3, 332–356.

Ziel

Das zentrale Ziel des Theologisierens im Rahmen der Kindertheologie ist die Förderung der SchülerInnen im Hinblick auf eine „selbstreflexive Form des Denkens über religiöses Denken“[30].

Konzeptioneller Schwerpunkt

„Kindertheologie“ oder „Theologisieren mit Kindern“ basiert auf der Annahme, dass Kinder über eine eigene theologische Kompetenz verfügen und dass sie aufgrund dessen als Subjekte und produktive Akteure ihres eigenen Glaubens ernst genommen werden müssen. Im Anschluss an entwicklungspsychologische Erkenntnisse – insbesondere an die Stufenmodelle von Oser und Gmünder und das philosophiedidaktische Konzept des „Philosophierens mit Kindern“[31] – wird deklariert, dass Kinder selbstständig, im Rückgriff auf Informationen aus der Umwelt, auf Erfahrungen aus ihrer Lebenswelt und auf bereits vorhandenen Verstehenskategorien – theologische Begriffe und intuitive Theorien konstruieren können.

Die Kindertheologie gliedert sich in drei Teilbereiche auf: Theologie der/von Kinder(n), Theologie für Kinder und Theologisieren mit Kindern.

Theologie der/von Kinder(n) meint kein deduktives Vermittlungsmodell, sondern die eigenständige Weise des Theologisierens von Kindern. Da das Kind als Akteur des Denk- und Lernprozesses wahrgenommen wird, kann der Erwachsene auch die Grundhaltung des Lernenden einnehmen. Diese umgekehrte Asymmetrie evoziert ein Umdenken der Lehrkraft und kann zu einer Erweiterung des Vorverständnisses führen.

Theologie für Kinder stellt Angebote eines spezifischen, theologischen Wissens von Erwachsenen für Kinder dar, welche jedoch von der kindlich produzierten Theologie, den Fragen und Zugängen der Kinder ausgeht. Hier kann die Theologie der Kinder mit Entwürfen der biblisch-christlichen Tradition konfrontiert werden, kindliche Konstrukte können infrage gestellt und neue Perspektiven eingebracht werden, sodass weitere theologische Aussagen von Kindern formuliert werden können.

---

30 Schweitzer: Was ist und wozu Kindertheologie?, 10.

31 Ekkehard Martens/Helmut Schreier (Hrsg.): Philosophieren mit Schulkindern, Hainsberg 1994.

Das *Theologisieren mit Kindern* beschreibt die vorrangige religionspädagogische Praxis, nämlich das gemeinsame theologische Fragen und Suchen nach Antwortmöglichkeiten und Lösungen für theologische Fragen und Themenbereiche von Lehrkraft und Kindern. Deutungsangebote der Lehrkraft sind hier ebenso wichtig wie das Ernstnehmen der Kinderfragen (die Frage nach mir selbst, nach dem Sinn, nach Gott, nach dem Grund ethischen Handelns und nach der Religion des anderen[32]), die Wahrnehmung ihrer Denkleistungen und das Anbieten eines Entfaltungsraumes.

In gelungenen theologischen Gesprächen mit Kindern wirken diese drei Ebenen in produktiver Weise zusammen und können zunehmend zur religiösen Mündigkeit und Sprachfähigkeit führen. Die SchülerInnen werden religiös ausdrucksfähiger und können einen begründeten Standpunkt zu ihrer Religion und ihrem Glauben einnehmen.

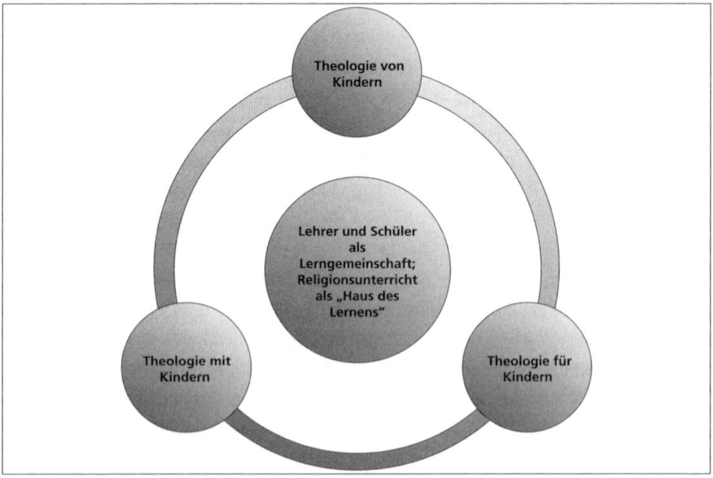

Schaubild 6: Teilbereiche der Kindertheologie

Didaktische Prinzipien

- Die Didaktik des Theologisierens führt zu den didaktischen Prinzipien eines kommunikativen Unterrichts.

32 Schweitzer: Was ist und wozu Kindertheologie?, 12.

- Die Didaktik des Perspektivwechsels führt dazu, dass didaktische Prinzipien wie Freiarbeit, Wochenplanarbeit bzw. allgemein offener Unterricht angeboten werden, damit die SchülerInnen eigene Fragen entwickeln und einbringen können, diese mithilfe unterschiedlicher Angebote selbstständig bearbeiten, so weit wie möglich selber lösen und die Ergebnisse präsentieren können.
- Die Didaktik des Theologisierens führt zu didaktischen Prinzipien wie Schülerorientierung, erfahrungsbezogenem Unterricht, entdeckendem Lernen sowie Individualisierung, Differenzierung oder kooperativem Lernen.

Methodische Prinzipien

- Methoden, die Gesprächsbeiträge von Kindern evozieren, z.B. Erzählungen, Bildbetrachtungen, Arbeit mit Bilderbüchern und Ganzschriften, Gespräche über Fallbeispiele, ein Liedbeitrag, Zeichnungen anderer Kinder oder Zeitungsartikel in Form eines stummen Impulses.
- Aus der Didaktik des Theologisierens ergeben sich zudem sämtliche methodische Prinzipien, die im Rahmen eines Unterrichtsgesprächs notwendig sind: Plauderei, Schüler-Schüler-Meldekette, Lehrer-Schüler-Unterrichtsgespräch (Lehrer als Impulsgeber), Schüler-Schüler-Unterrichtsgespräch (Lehrer als Moderator), Einspielen von Impulsen, Podiumsdiskussionen, Pro- und Contra-Debatten, Beschäftigung mit Dilemmageschichten.
- Gelungene kindertheologische Gespräche sollten sich aber nicht nur auf mündliche Kommunikation beschränken, sondern es sollten auch Methoden wie Malen, Spielen, Erstellen von Text-Bild-Collagen und das Feiern religiöser Rituale ermöglicht werden.

Kompetenzerwerb

- Die SchülerInnen erwerben durch kindertheologische Gespräche die Kompetenz, sich mit ihren Fragen einzubringen und die Fragen anderer wahrzunehmen (Dialogkompetenz).
- Die SchülerInnen nehmen Zusammenhänge (z.B. von Beziehungen) in biblischen Geschichten wahr und deuten diese (Wahrnehmungs- und Deutungskompetenz).

Konkretion am Beispiel des Gleichnisses vom verlorenen Sohn (Lk 15, 11–32)

Aus dem fachdidaktischen Ansatz der Kindertheologie ergeben sich folgende fachdidaktische Prinzipien: das Eruieren und Antizipieren der Erfahrungen und Fragen der Kinder (Theologie von Kindern), die daran anknüpfende fachwissenschaftliche Vorbereitung der Lehrkraft (Theologie für Kinder) und die Didaktik des gemeinsamen Theologisierens (Theologie mit Kindern).

Theologie von Kindern: Auf dem Hintergrund des lebensweltlichen Kontextes von vollständigen und verletzten Familien und der Vermutung, dass SchülerInnen selbst erlebte Familienszenen in den biblischen Text hineinlesen, ist davon auszugehen, dass bei den SchülerInnen familiäre Erfahrungen aktiviert werden, welche von der Sehnsucht nach dem fehlenden Elternteil bis zum Sich-Geborgen-Fühlen reichen können. Hier können Fragen bzw. Aussagen begegnen wie: „Also, mein Vater würde mir nie verzeihen!", „Wo ist denn eigentlich die Mutter?", „Ich verstehe den älteren Bruder super gut!".

Es können Verständnisfragen, z.B. zu Begriffen (Erbe, Trog, Sünder etc.) und Personen auftreten. So kann nicht davon ausgegangen werden, dass „Vater" als stehende Metapher für Gott erkannt wird.

Es können grundlegende menschliche Erlebnisse und Erfahrungen angesprochen werden, wie beispielsweise die Erfahrung der Schuld, die Erfahrung von empfangener Vergebung, von Angenommensein trotz eigenen Versagens, die Erfahrung von Menschen, zu denen man immer zurückkommen kann, die Erfahrung von festlicher Freude und Gemeinschaft. Folgende Fragen bzw. Aussagen könnten darauf hinweisen: „Gut, dass ich immer zu meiner Schwester kommen kann – sie ist immer für mich da", „Kann ich auch zu Gott kommen?", „Würde Gott mich aufnehmen?".

Theologie für Kinder: Die Lehrkraft sollte mit einer offenen Grundhaltung – in Bezug auf Interessen und Ergebnisse – an die kindertheologischen Gespräche herangehen. Zugleich sollte sie als „Anwältin der Theologie" das Thema zuvor intensiv vorbereiten, um eine Orientierungshilfe bieten zu können. Zudem ist es wichtig, dass sie ihren persönlichen Bezug zur Thematik für sich geklärt hat, um auf die Schüleräußerungen adäquat eingehen zu können.

Einige exegetische Kenntnisse sind hier hilfreich.

Das Gleichnis ist nur im Lukasevangelium (lukanisches Sondergut) überliefert. Es bildet den Abschluss von drei Gleichnissen im 15. Kapitel, welche als Thema das Verlorene thematisieren (Gleichnis vom verlorenen Schaf und von der verlorenen Drachme). Die Form des Gleichnisses entspricht der beliebten Redeweise Jesu in den Evangelien, die dem Hörer anzeigen, dass sie über sich selbst hinaus auf etwas anderes verweisen (Gottesherrschaft, Handeln Gottes). Diese Gleichniserzählung ist eine fiktive Geschichte, in der Unerwartetes geschieht und die Hörer zur Stellungnahme provoziert werden (Parabel). Das Fortgehen des Sohnes stellt das Verlorengehen dar und das zentrale Geschehen ist das Selbstgespräch des jüngeren Sohnes. Der Vater erkennt seinen Sohn aus der Entfernung und läuft auf ihn zu (langes Warten auf die Rückkehr), nimmt ihn in die Arme und küsst ihn (Kuss als Zeichen der Vergebung). Die Heimkehr des Sohnes ist das Wiederfinden eines Verlorenen, das Lebendigwerden eines Toten.

Die Kenntnis von „Vater" als stehender Metapher für Gott kann bei den damaligen Hörern wohl vorausgesetzt werden, jedoch nicht immer in Schulklassen. Die Parabel handelt auch vom Bezug des sündigen Menschen zu Gott, wobei als Sünde nicht moralisches Fehlverhalten verstanden wird, sondern das Nichtbewusstsein des jüngeren Sohnes, dass sein Vater ihn liebt. Dies ist auch für die Vorbereitung der Lehrkraft wichtig.

Theologie mit Kindern: Die Lehrkraft könnte zu Beginn den Anfang des Gleichnisses erzählen. An der Stelle des Innehaltens des Sohnes, könnte die Lehrkraft ebenfalls innehalten und damit das kindertheologische Gespräch eröffnen. Während des Gesprächs sollte die Lehrkraft weiter Impulse setzen, um den SchülerInnen weitere Deutungsspielräume zu eröffnen, z.B. „Was heißt das denn, wenn man sich schuldig fühlt?" oder „Hat denn der jüngere Sohn etwas getan, was Sünde ist?". Hier ist darauf zu achten, dass es nicht zu dem Begriff des moralischen Fehlverhaltens kommt. Die Beiträge der SchülerInnen sind aufzunehmen, zu spiegeln, zu bündeln, zu strukturieren, ggf. zu visualisieren und weiter ins Gespräch einzubringen, z.B. „Wie verstehst du diesen Begriff?", „Habe ich das richtig verstanden, dass ...?". Auch die eigene Überraschung über eine Antwort kann authentisch zum Ausdruck gebracht werden. Wichtig ist zudem, dass die Lehrkraft ihr eigenes Deutungswissen und ihren Standpunkt zum Ausdruck bringt.

Das Gleichnis repräsentiert neben dem Schuldigwerden v.a. die Hoffnung auf gelingendes Leben, beispielsweise auch dann noch, wenn die

Erfahrung von Menschen, zu denen man immer zurückkommen kann, fehlt und der Wunsch nach solchen Menschen aufrecht erhalten wird. Dies können SchülerInnen thematisieren und es sollte von der Lehrkraft im Gespräch aufgegriffen werden, z.B. durch den Impuls „Kennt ihr das, dass ihr zu jemandem immer kommen könnt und ihm auch alles erzählen dürft?“.

Wichtig ist, dass sich nach dem kindertheologischen Gespräch weitere handlungsorientierte Lernformen wie Bodenbilder oder Text-Bild-Collage anschließen. Der Text kann verfremdet werden, etwa durch eine Textverdichtung oder durch eine Perspektivübernahme, z.B. aus der Sicht des älteren Bruders. Zudem bietet sich an verschiedenen Stellen auch gut der Innere Monolog an.

Damit der Anspruch vom *gemeinsamen* Theologisieren erfüllt wird, empfiehlt es sich, dass die Lehrkraft die Aufgaben ebenfalls mitmacht und auch – ihren SchülerInnen oder in einer Kleingruppe – vorstellt.

Chancen

- Die Kindertheologie bietet einen offenen fachdidaktischen Ansatz, welcher den Fokus auf gleichberechtigte Dialoge zwischen SchülerInnen und LehrerInnen legt und einen schülerorientierten Zugang zu systematisch-theologischen Grundbegriffen und biblischen Inhalten bieten kann.
- Die Lehrkraft setzt sich intensiv mit ihrer eigenen religiösen Position auseinander, da dies für die kindertheologischen Gespräche implizit erforderlich ist. Hier kann sie auch ihre konfessionelle Identität – als Innenperspektive – zum Ausdruck bringen. Dennoch ist es möglich, religiöse Pluralität zu moderieren.
- Wenn kindertheologische Gespräche abwechslungsreich geführt werden, können sich hier viele SchülerInnen beteiligen und ihre eigene (religiöse) Sprachkompetenz kann gefördert werden.

Grenzen

- Kindertheologische Gespräche erfordern ein hohes Maß an Vor- und Nachbearbeitung, wobei die oft wenig planbaren Unterrichtsschritte manchmal die intensive Vorbereitung überraschend verändern können. Daher wird von den LehrerInnen eine hohe Flexibilität und Gesprächsführungskompetenz erwartet, denn sie müssen die Äußerungen der Kinder aufnehmen, spiegeln, präzisierend zurückfragen, bündeln, strukturieren, verknüpfen, weiterentwickeln und aufkommende Fragen im Blick haben. Dies erfordert viel Übung, Reflexion, Evaluation und auch Erfahrung.

- Auch die adäquate, erforderliche Nachbereitung ist im Rahmen des Schulalltags einer Lehrkraft angesichts der zahlreichen anderen Aufgaben nicht leicht zu bewältigen.
- Der religiöse Bezugsrahmen kindertheologischer Gespräche scheint unklar. Das sehr weite Religionsverständnis kann zu einer beliebigen religiösen Pluralität führen. Zudem sind die Begriffe „Theologie“ und „Religion“ nicht trennscharf. „Bis heute bleibt im kinder- und jugendtheologischen Diskurs der Religionsbegriff unterbestimmt, während der Theologiebegriff trivialisiert zu werden droht, wenn unter Theologie jeder reflexive Bezug auf Religion gelten soll.“[33]
- Die postulierte Gleichberechtigung bzw. herrschaftsfreie Kommunikation zwischen SchülerInnen und LehrerInnen ist angesichts der Asymmetrie in Lehr- und Lernverhältnissen, z.B. bei anstehender Bewertung, nicht möglich.
- Methodisch stellt sich die Frage, ob man von einer Methode des „Theologisierens“ sprechen kann, und was die Kindertheologie von einem gut geführten Lehrer-Schüler-Unterrichtsgespräch unterscheidet. Hier besteht auch die Gefahr, dass eine verbalsprachliche Kommunikation in Unterrichtsprozessen überwiegt.
- Zudem stellt sich die Frage, ob die Kinder nicht nur scheinbar zu eigenen Einsichten gelangen und ihnen nicht aus der Denkweise der Erwachsenen heraus eigene Erkenntnisse und Weltbilder zugesprochen werden, sodass sie zu „Projektionsflächen der Erwachsenen“[34] werden. „Es bleiben die Erwachsenen, die Kindheit definieren, die Kindern theologische Kompetenz zuschrieben.“[35]
- Generell scheint der Erfolg und theologische Gehalt kindertheologischer Gespräche von einem religiös sozialisierten Umfeld abhängig zu

33 Dressler: Zur Kritik der „Kinder- und Jugendtheologie“, 5.
34 Ebd., 10.
35 Ebd.

sein. Kindertheologische Gespräche in nicht religiös sozialisierten Kontexten verlaufen oftmals theologisch weniger ergiebig.

- Kindertheologische Gespräche könnten auch dazu führen, dass zwar die notwendige Innenperspektive gewährleistet ist, weniger aber die beobachtende und distanzierte Außenperspektive.

Chancen/Grenzen im Hinblick auf inklusive Klassen

Chancen bietet die Kindertheologie im Hinblick auf Inklusion, wenn den SchülerInnen andere Möglichkeiten als verbal-kognitive Gesprächsformen angeboten werden, denn diese adäquat zu führen, ist für SchülerInnen mit dem Förderbedarf Lernen oder Sprache sehr schwer.

Insgesamt sind Lernarrangements zu bevorzugen, die die Heterogenität der Klasse berücksichtigen, vielfältige Beteiligungschancen auf unterschiedlichen Niveaus eröffnen und allen SchülerInnen die Möglichkeit eröffnen, sich kreativ und eigenständig mit dem Lerngegenstand auseinanderzusetzen.

Eignung für folgende Schulstufen
GS; Sek I

4.6 Jugendtheologische Perspektive

„Eines ist sofort klar: Theologisieren mit Jugendlichen ist etwas anderes als das Theologisieren mit Kindern. Dies liegt vor allem an den Kindern selbst. Kinder sind spontan, offen und neugierig. Sie fragen direkt, ohne Rücksichten auf andere und sind bereit, ihren eigenen Gedanken freien Lauf zulassen. Fragt man Kinder nach den großen Fragen, über die sie gerne einmal nachdenken wollen […], so erhält man jedes Mal hoch interessante und herausfordernde Fragekataloge. […] Da erlebe ich Jugendliche anders. Sie denken abstrakter, sind meist kritisch gegen die Welt eingestellt, wie sie ist, sind leicht verletzt und vor allem sensibel für leere Worte. In meinen Augen kommt aber noch folgendes hinzu: Sie sind gar nicht unbedingt bereit, ihre inneren Gedanken anderen mitzuteilen, gerade Jungen können sehr zurückhaltend sein. Gruppendynamische Prozesse spielen eine ungleich stärke Rolle wie bei Kindern. Äußerungen sind immer Teil eines Beziehungsgeschehens. Jugendliche wissen, dass sie sich damit positionieren, Koalitionen eingehen bzw. ausschlagen, vor allem jedoch werden sie für andere angreifbar und verletzbar. Von daher sind schwebende „Vielleicht-Aussagen“ häufig anzutreffen. […] Geäußert wird nicht unbedingt das, was tatsächlich gedacht und geglaubt wird, sondern das, was zum Ausdruck bringt, wie man gerne gesehen werden möchte. […] Bibel und die christliche Tradition haben darin eine konstitutive Bedeutung als Gegenüber, als Anstoß, aber auch als Angebot, sich darin wieder finden zu können. […] Ich meine das ganz ernst: Theologische Lehre hat dienende Funktion. Sie dient dazu, im eigenen Glauben weiterzukommen […]. Ich muss nicht wissen, welche fünf Auslegungsmodelle der Bergpredigt es gibt. Es geht darum, wie ich selber die Feindesliebe sehe und begründe. Theologische Lehre muss keiner glauben und hat auch noch niemand einfach so in der Geschichte der Kirche gelebt. Beim Theologisieren geht es also um die Rekonstruktion individueller Religiosität. Theologische Lehre ist jedoch dazu mehr als hilfreich. Ohne sie würden sich die Jugendliche selber schlechter verstehen.“[36]

Arbeitsfragen

1. Erlaubt dieser fachdidaktische Ansatz den Lehrkräften und den SchülerInnen die Einnahme einer **Innen**- und einer **Außenperspektive**? Und kann – unter Beachtung der Innen- und der Außenperspektive – das Kennenlernen christlicher Lebenspraxis ermöglicht werden?

36 Hartmut Rupp: Theologisieren mit Jugendlichen (Vortrag PTZ Stuttgart 28.01.2008), online verfügbar unter: http://www.rpi-baden.de/html/aktuell/aktuell_u.html?t=&&cataktuell=&m=10166&artikel=4023&stichwort_aktuell=&default=true (aufgerufen am 6.10.2014).

2. Inwiefern spiegelt dieser fachdidaktische Ansatz die gemeinsame Verantwortung von Staat und Kirche für den konfessionellen Religionsunterricht wider? Sind sowohl die **Rede über Religion** als auch die Verwendung eigener **religiöser Sprache** möglich?
3. Ermöglicht der fachdidaktische Ansatz, dass zwischen **Sachverhaltsvermutungen** und **Sprechakten** unterschieden werden kann? Können daher authentische Glaubensaussagen – die auf das nach Luther Unverfügbare hinweisen – ebenso ermöglicht werden wie eine reflektierte Ablehnung des christlichen Glaubens?
4. Ermöglicht dieser fachdidaktische Ansatz die Betrachtung des Lerngegenstandes aus verschiedenen Blickwinkeln, die Assoziierung mit anderen Wissensinhalten, kurz: die aktive Auseinandersetzung mit dem Lerninhalt?

Problemlage

Der Fokus des fachdidaktischen Ansatzes der Jugendtheologie – insbesondere durch Thomas Schlag, Friedrich Schweitzer und Hartmut Rupp in die fachdidaktische Debatte eingeführt – geht von der Subjektorientierung und einem damit verbundenen Perspektivenwechsel aus, wobei Jugendliche als Subjekte und Kokonstrukteure ihrer Lebenswelt gelten. Daher geht es um eine gleichberechtigte dialogische Vermittlung einer Theologie von, für und mit Jugendlichen, bei der die Heranwachsenden es unternehmen, innerhalb eines gemeinsamen theologischen Gedankenaustauschs, theologische Frage- und Problemstellungen miteinander zu klären. Allerdings ist die Jugendtheologie nicht als bloße Prolongation des fachdidaktischen Ansatzes der Kindertheologie zu sehen.[37]

Ziel

Als zentrale Zielsetzung des fachdidaktischen Ansatzes der Jugendtheologie kann die Weitentwicklung individueller Religiosität aus dem aktuellen Unterrichtsprozess heraus, namhaft gemacht werden:

37 Vgl. Thomas Schlag/Friedrich Schweitzer: Brauchen Jugendliche Theologie? Jugendtheologie als Herausforderung und didaktische Perspektive, Neukirchen 2011.

„Es geht darum, die individuelle Religiosität von Jugendlichen durch das nachdenkliche Gespräch und die Auseinandersetzung mit der biblisch-christlichen Tradition weiter zu entwickeln. Es geht darum, eigene Vorstellungen von Gott, Selbst und Welt und einem guten Leben zu rekonstruieren, zu konstruieren und zu ko-konstruieren."[38]

Konzeptioneller Schwerpunkt

„Jugendtheologie" oder „Theologisieren mit Jugendlichen" basiert auf der Annahme, dass Jugendliche über eine eigene laientheologische Kompetenz verfügen und dass sie aufgrund dessen als Subjekte und produktive Akteure ihres eigenen Glaubens ernst genommen werden müssen. Im Anschluss an entwicklungspsychologische Erkenntnisse und das philosophiedidaktische Konzept „Philosophieren mit Kindern" wird deklariert, dass Jugendliche selbstständig – im Rückgriff auf Informationen aus der Umwelt, auf Erfahrungen aus ihrer Lebenswelt und auf bereits vorhandenen Verstehenskategorien – theologische Begriffe und intuitive Theorien konstruieren können.

Der fachdidaktische Ansatz der Jugendtheologie kann durch drei Perspektiven und vier Dimensionen strukturell erfasst werden.[39] Die *Perspektiven* sind im Einzelnen: Theologie der/von Jugendlichen, Theologie für Jugendliche und Theologisieren mit Jugendlichen.

Theologie der/von Jugendlichen meint kein deduktives Vermittlungsmodell, sondern die empirisch erforschbare und beschreibbare eigenständige Weise des Theologisierens von Jugendlichen. Da der Jugendliche als autonomer Konstrukteur seines eigenen Denk- und Lernprozesses wahrgenommen und gewürdigt wird, kann der Erwachsene die Grundhaltung des Lernenden einnehmen. Diese umgekehrte Asymmetrie evoziert einen Paradigmenwechsel der Lehrkraft in Bezug auf die Unterrichtsvorbereitung und vermag auch ihr Vorverständnis in Bezug auf die in Rede stehenden theologischen Fragen neu zu akzentuieren bzw. zu bereichern.

Theologie für Jugendliche stellt Angebote eines spezifischen, theologischen Wissens von Erwachsenen für Jugendliche dar, welche jedoch von der von Jugendlichen produzierten Theologie, den Fragen und Zugängen der Jugendlichen ausgeht. Hier kann die Theologie der Jugendlichen mit

38 Hartmut Rupp: Theologisieren mit Jugendlichen a.a.o..
39 Schlag/Schweitzer: Brauchen Jugendliche Theologie?, 59ff.

Entwürfen der biblisch-christlichen Tradition konfrontiert werden, theologische Argumentationsmuster der Jugendlichen können dadurch infragegestellt und neue Perspektiven eingebracht werden, sodass in Form einer hermeneutischen Spirale prinzipiell unabgeschlossen theologische Aussagen von Jugendlichen je neu formuliert werden können.

Das Theologisieren mit Jugendlichen beschreibt die gängige religionspädagogische Praxis, nämlich das gemeinsame, dialogische theologische Suchen nach Antwortmöglichkeiten und Lösungen für theologische Fragen und Themenbereiche von Lehrkraft und SchülerInnen. Deutungsangebote der Lehrkraft sind hier ebenso wichtig wie das Ernstnehmen der Fragen der Jugendlichen sowie deren häufig prinzipielle, kritische Anfragen an diese Deutungsangebote: die Frage nach den Konstitutiva meiner Identität, dem Sinn von Religion, nach Gott, nach dem Grund und dem Ziel ethischen Handelns und nach den religiösen Überzeugungen des Gegenüber, die Wahrnehmung von Denk- und Argumentationsleistungen und das Anbieten eines geschützten Entfaltungsraumes.

In gelungenen theologischen Gesprächen und Diskursen mit Jugendlichen konvergieren diese drei Ebenen in produktiver Weise und vermögen es zunehmend zur religiösen Mündigkeit und Sprachfähigkeit zu führen: „Diese Dreifachkombination rechnet damit, dass Religiosität häufig erst in jenem Moment gefunden wird, indem sie artikuliert wird.“[40] Schlag und Schweizer nennen vier voneinander unterscheidbare Dimensionen von Jugendtheologie, die mit den genannten Perspektiven verschränkt werden können:

- *Implizite Theologie*: Sie ist als Theologie zu identifizieren, die allerdings nur aus theologisch-dogmatischer Außenperspektive als theologische Leistung und theologisches Bemühen identifiziert werden kann: „in diesem Fall sprechen die Jugendlichen unter Umständen selbst keine, ihrem eigenen Verständnis zufolge, religiösen Fragen an, sondern nur beispielsweise […] Probleme der Lebensführung, die für sie weder mit Religion noch mit Theologie zu tun haben“[41].
- *Persönliche Theologie*: Dieser Modus von Jugendtheologie nimmt die persönliche, vorreflexive und individuelle religiöse Position der/des Jugendlichen, des Erwachsenen in den Blick.

40 Ebd.
41 Ebd., 60.

- *Explizite Theologie*: Diese Dimension bezeichnet nach Schlag und Schweizer das explizit als solches gekennzeichnete, reflektierte und argumentativ formulierte Nachdenken der SchülerInnen über religiöse Fragestellungen. Kennzeichnend für diese Dimension ist, „dass sie (sich) nicht zwingend theologischer Termini bedienen muss, aber auf einen im Verständnis der Jugendlichen religiösen Gegenstand bezogen ist und der Sache nach theologisch bestimmt ist“[42].
- *Deutende Theologie*: Zwar werden die Loci der theologischen Dogmatik von den Jugendlichen selbst nicht expressis verbis formuliert, dennoch hat „die dogmatische Interpretation [...] anders als bei der impliziten Theologie, einen direkten Anhalt in den auf religiöse Themen bezogenen Äußerungen der Jugendlichen“[43] [...] und kann an diese folgerichtig im Unterrichtsprozess anschließen.

Die dynamische Korrelation der genannten Perspektiven mit den genannten Dimensionen von Jugendtheologie vermag ein Koordinaten-System zu repräsentieren, aus dem heraus die grundlegenden didaktischen Prinzipien des jugendtheologischen Ansatzes in Bezug auf den jeweiligen Unterricht situations-und sachgerecht erhoben und formuliert werden können.

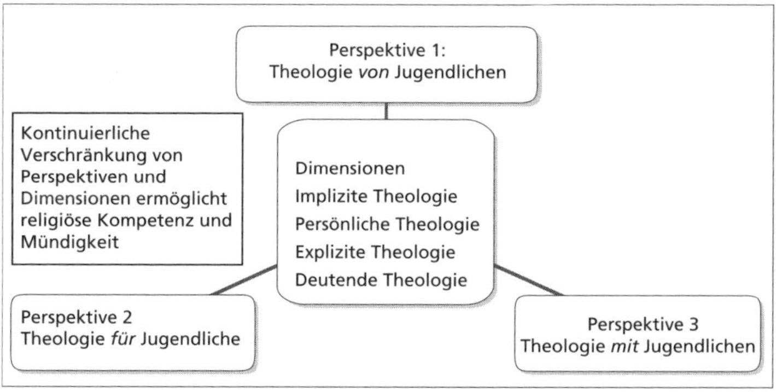

Schaubild 7: Der fachdidaktische Ansatz der Jugendtheologie

42 Ebd.
43 Ebd.

Didaktische Prinzipien

Gewissermaßen leitmotivisch können die didaktischen Prinzipien unter die These „Auch Jugendliche sind Theologen!"[44] subsummiert werden. Es gilt die Perspektiven der Theologie der Jugendlichen, der Theologie mit Jugendlichen und der Theologie für Jugendliche jeweils in Hinsicht auf den konkreten Unterricht und die konkreten SchülerInnen mit allen genannten Dimensionen zu verschränken.

- Die Perspektive des Theologisierens mit den Jugendlichen führt zu den didaktischen Prinzipien eines nicht hierarchischen, kommunikativen, ergebnisoffenen Unterrichts. Diese Perspektive erfordert didaktische Prinzipien wie Schülerorientierung, erfahrungsbezogenen Unterricht, entdeckendes Lernen sowie Individualisierung, Differenzierung oder kooperatives Lernen.
- Die Perspektive der Theologie für Jugendliche führt dazu, dass didaktische Prinzipien wie Freiarbeit, Wochenplanarbeit bzw. allgemein offener Unterricht angeboten werden, damit die SchülerInnen eigene Fragen entwickeln und einbringen, sie mit Hilfe unterschiedlicher Angebote selbstständig bearbeiten und soweit wie möglich selbst lösen und präsentieren.
- Die Perspektive der Theologie der Jugendlichen erfordert von seiten der Lehrkraft ein großes und ausgeprägtes Empathievermögen. Weiterhin sind das Prinzip der ganzheitlichen Ansätze („Lernen mit Kopf, Herz und Hand") und das Prinzip der Schüleraktivierung an dieser Stelle zu nennen.

Methodische Prinzipien

- Methoden, die Gesprächsbeiträge von Jugendlichen evozieren, z.B. Erzählungen, Bildbetrachtungen, Arbeit an Ganzschriften, Arbeit an Dilemma-Geschichten, musikalische Interpretationen zentraler theologische Loci, Zeichnungen, Gedichte anderer Jugendlicher oder Zeitungsartikel in Form eines stummen Impulses.
- Aus der Didaktik des Theologisierens mit Jugendlichen ergeben sich zudem sämtliche methodischen Prinzipien, die im Rahmen eines Un-

44 Ebd.

terrichtsgesprächs notwendig sind: Plauderei, Schüler-Schüler-Meldekette, Lehrer-Schüler-Unterrichtsgespräch (Lehrer als Impulsgeber), Schüler-Schüler-Unterrichtsgespräch (Lehrer als Moderator), Einspielen von Impulsen, Podiumsdiskussionen, Pro- und Contra-Debatten, Podiumsdiskussionen.
- Gelungene jugendtheologische Gespräche sollten sich nicht nur auf die mündliche Kommunikation im Unterricht beschränken, sondern es sollten auch handlungsorientierte Methoden wie Zeichnen, Erstellen von Text-Bild-Collagen, mediale Produkte (Podcast, Videoclip, selbst verfasste Gedichte) und ebenso das Feiern religiöser Rituale ermöglicht werden.

Kompetenzerwerb

- Die SchülerInnen nehmen Zusammenhänge (z.B. von Beziehungen) in biblischen Geschichten wahr und deuten diese (Wahrnehmungs- und Deutungskompetenz).
- Die SchülerInnen vermögen es, ihre persönliche Glaubensüberzeugung bzw. das eigene Selbst-und Weltverständnis wahrzunehmen, zu evozieren und anderen gegenüber begründet zu vertreten (Dialogkompetenz).
- Die SchülerInnen sind in der Lage, Zweifel und Kritik an Religionen sowie Indifferenz hierzu zu artikulieren und auf ihre intersubjektiv nachvollziehbare Berechtigung hin zu prüfen (Erschließungs-und Interpretationskompetenz).

Konkretion am Beispiel des Themas *Schöpfung* (geeignet für Sek II und Berufskolleg)

Die dynamische Korrelation von Perspektiven und Dimensionen dieses fachdidaktischen Ansatzes ermöglicht beispielsweise folgendes praktisches Vorgehen:
- *Theologie von Jugendlichen in Korrelation mit der Dimension „persönliche Theologie" des/der Jugendlichen:* Biblischer Schöpfungsglaube und Evolution stehen für Jugendliche häufig in einem unvereinbar erscheinenden Gegensatz zueinander. In der Perspektive der Jugend-

lichen ist der biblische Schöpfungsglaube Explikation eines vergangenen, überholten Weltbildes. Dieses Weltbild selbst lässt dann im Umkehrschluss biblischen Schöpfungsglauben obsolet, bedeutungslos und „langweilig“ erscheinen. In einem ersten Schritt ist es möglich, dieses unscharf konturierte Vorverständnis der Jugendlichen für den Religionsunterricht zu erheben und die SchülerInnen in die Lage zu versetzen, ihr Vorverständnis zu evozieren. Methodisch kann dies z.B. durch das offene Unterrichtsgespräch über aktuelle Videoclips, Podcasts, aber auch durch Lieder zum Thema ins Werk gesetzt werden. Gleichermaßen ist ein stummes Schreibgespräch oder eine Ad-hoc-Diskussion sinnvoll.

- *Theologie für Jugendliche in Korrelation mit der Dimension „implizite Theologie“ des/ der Jugendlichen:* In diesem Schritt wird die gemeinsame Erarbeitung zentraler Aussagen biblischen Schöpfungsglaubens anhand von Gen 1+2 und/oder Psalm 8 und/oder 104 thematisch. An dieser Stelle bietet sich die Rezeption handlungsorientierter, laientheologischer Modelle von Bibelarbeit an (z.B. die Västeras-Methode[45]). Handlungsorientierte, laientheologische Modelle von Bibelarbeit vermögen es, die Verschränkung von Perspektive und Dimension zu gewährleisten.
- *Theologie mit Jugendlichen in Korrelation mit der Dimension „explizite Theologie“ des/der Jugendlichen:* In einer Austauschrunde nach der Västeras-Methode wird der Text Vers für Vers und Zeile für Zeile durchgesprochen. Zunächst teilen diejenigen Teilnehmer ihre Gründe mit, die in der entsprechenden Zeile kein Zeichen gesetzt haben. Anschließend erläutern die anderen, warum sie ein Zeichen gesetzt haben. Wo es um existenzielle Betroffenheit geht, kann die Teilnehmerin/der Teilnehmer selbst entscheiden, was und wie viel sie/er der Gruppe mitteilen will. Diese abschließende Phase intendiert, dass die Verhältnisbestimmung von biblischem Schöpfungsglauben und Evolution erneut thematisch wird. Eine kriterienorientierte, wissenschaftstheoretisch begründete Verhältnisbestimmung

45 Weitere methodische Hinweise zu den Möglichkeiten laientheologischer Bibelarbeit finden sich in der vom Erzbistum Köln herausgegebenen Arbeitshilfe: Bibelarbeit konkret (Arbeitshilfen 1), Köln 2008, online verfügbar unter: https://www.erzbistum-koeln.de/kirche_vor_ort/service_pfarrgemeinden/kita/kita_downloads/Arbeitshilfen_und_Broschueren/bibelkonkret_gesamt_5000003841.pdf.

steht allerdings nicht im Vordergrund des Interesses. Der Akzent liegt vielmehr auf den persönlichen, existenziell bedeutsamen Lösungsansätzen (explizite Theologie) und dem Weg dorthin. Gleichwohl erscheint es möglich und didaktisch sinnvoll, die nunmehr explizit evozierte Theologie der SchülerInnen und Jugendlichen in einem letzten Schritt gemeinsam theologisch zu deuten und dogmatisch zu interpretieren. Dieser Schritt kann u.a. durch einen Textvergleich der Auslegung von biblischen Schöpfungspsalmen mit individuell von den SchülerInnen formulierten Schöpfungspsalmen initiiert werden.

Chancen

- Die Jugendtheologie bietet analog zur Kindertheologie einen offenen fachdidaktischen Ansatz, welcher den Fokus auf gleichberechtigte Dialoge zwischen SchülerInnen und LehrerInnen legt und einen schülerorientierten Zugang zu systematisch-theologischen Grundbegriffen und biblischen Inhalten bieten kann.
- Die Lehrkraft setzt sich intensiv mit der religiösen Position der SchülerInnen auseinander, da dies in den Gesprächen mit den Jugendlichen erforderlich ist. Hier kann sie auch ihre eigene konfessionelle Identität – als Innenperspektive – zum Ausdruck bringen. Dennoch ist von der Lehrkraft zu erwarten, dass sie dazu in der Lage ist, religiöse Pluralität zu moderieren.
- Wenn jugendtheologische Gespräche methodisch abwechslungsreich geführt werden, ist eine intensive Schülerpartizipation möglich, gerade weil die Jugendlichen das Thema als „ihr Thema“ erfahren können. Weiterhin kann durch jugendtheologische Gespräche (religiöse) Sprachkompetenz explizit gefördert werden.
- Es ist zudem darauf hinzuweisen, dass dem fachdidaktischen Ansatz der Jugendtheologie eine hohe Anschlussfähigkeit z.B. zur fachdidaktischen Perspektive der Elementarisierung zugeschrieben werden kann.

Grenzen

- Jugendtheologische Gespräche erfordern eine intensive Vor- und Nachbearbeitung durch die Lehrkraft, wobei die oft wenig vorausschaubaren Unterrichtsverläufe die intensive Vorbereitung überraschend verändern können. Daher wird von den LehrerInnen eine hohe Flexibilität und Gesprächsführungskompetenz erwartet, denn sie muss die Voten der Jugendlichen aufnehmen, spiegeln, präzisierend zurückfragen, bündeln, strukturieren, verknüpfen, weiterentwickeln und aufkommende Fragen im Blick haben. Dies erfordert Übung, Reflexion, Evaluation, aber auch Erfahrung. Auch die adäquate Nachbereitung des Unterrichts ist im Rahmen des Schulalltags einer Lehrkraft angesichts der zahlreichen anderen Aufgaben kaum zu bewältigen.
- Der religiöse Bezugsrahmen jugendtheologischer Gespräche erscheint in Analogie zu den kindertheologischen Gesprächen noch unterbestimmt. Das sehr weite Religionsverständnis kann ggf. zu einer beliebigen, undifferenziert nebeneinander stehenbleibenden religiösen Pluralität führen. Zudem sind die Begriffe „Theologie" und „Religion" nicht trennscharf. „Bis heute bleibt im kinder- und jugendtheologischen Diskurs der Religionsbegriff unterbestimmt, während der Theologiebegriff trivialisiert zu werden droht, wenn unter Theologie jeder reflexive Bezug auf Religion gelten soll."[46]
- Marcell Saß kritisiert pointiert: „Zugespitzt ist zu fragen, ob nicht Religion bzw. Religiosität unter der Hand als ontologisch beschreibbare Phänomene bzw. Personenmerkmale erscheinen oder im Modus von Erfahrung zur Darstellung kommen, während deren kognitiv-reflexive Interpretation als Theologie zu bezeichnen ist".[47]
- Die postulierte Gleichberechtigung bzw. herrschaftsfreie Kommunikation zwischen SchülerInnen und LehrerInnen ist angesichts der Asymmetrie in Lehr- und Lernverhältnissen, z.B. bei anstehender Bewertung, nicht möglich.

46 Dressler: Zur Kritik der „ Kinder- und Jugendtheologie", 339.

47 Marcell Saß: Von der Kindertheologie zur Jugendtheologie. Offene Fragen an einen aktuellen religionspädagogischen Diskurs, in: Loccumer Pelikan 4/2012, online verfügbar unter: http://www.rpi-loccum.de/material/aufsaetze/theo_sass (abgerufen am 6.10.2014).

- Methodisch stellt sich die Frage, ob von einer eigenen Methode des „Theologisierens“ gesprochen werden kann, und was die Jugendtheologie von einem gut geführten Lehrer-Schüler-Unterrichtsgespräch in nuce unterscheidet. Hier besteht auch die Gefahr, dass eine verbalsprachliche Kommunikation in Unterrichtsprozessen überwiegt.
- Zudem stellt sich die Frage, ob die Jugendlichen nicht nur scheinbar zu eigenen Einsichten gelangen und ihnen nicht aus der Denkweise der Erwachsenen heraus eigene Erkenntnisse und Weltbilder zugesprochen werden, sodass sie zu „Projektionsflächen der Erwachsenen“[48] werden.
- Generell scheint der Erfolg und theologische Gehalt jugendtheologischer Gespräche stark von einem erkennbar religiös sozialisierten Umfeld abhängig zu sein. Jugendtheologische Gespräche in nicht religiös sozialisierten Kontexten sind häufig schwierig zu initiieren und verlaufen oftmals theologisch wenig ergiebig („Labern über Religion“).

Chancen/Grenzen im Hinblick auf inklusive Klassen

Chancen bietet die Jugendtheologie in Analogie zur Kindertheologie im Hinblick auf Inklusion, wenn den SchülerInnen andere Möglichkeiten als verbal-kognitive Gesprächsformen angeboten werden, denn es ist für SchülerInnen mit dem Förderbedarf Lernen oder Sprache sehr schwer, jugendtheologische Gespräche zu führen.

Insgesamt sind jugendtheologische Lernarrangements zu bevorzugen, die die Heterogenität der Klasse berücksichtigen, vielfältige Beteiligungschancen auf unterschiedlichen Niveaus eröffnen und allen SchülerInnen die Möglichkeit eröffnen, sich kreativ und eigenständig mit dem Gegenstand auseinanderzusetzen.

Eignung für folgende Schulformen
Sek I; Sek II; BK

48 Dressler: Zur Kritik der „ Kinder- und Jugendtheologie“, 332–356, 346.

4.7 Bibeltheologische Perspektive

„Die bibeltheologische Didaktik will sowohl die ‚Welt des Textes' als auch die ‚Welt des Lesers' zum Sprechen bringen. Es geht um diese Wechselbeziehung und die Bewegungen, die durch die Begegnung von Text und Leser ausgelöst werden. [...] Will man also dem Text begegnen und nach seinem Sinn fragen, so heißt das, einer Vielzahl von Sinngestalten eines Textes zu begegnen, die gleichsam eine ganze ‚Welt des Textes' ausmachen. Diese ‚Welt des Textes' besteht nicht an sich oder für sich. Sie tut sich gleichsam von zwei Seiten auf. Einmal von Seiten des geschriebenen Textes und einmal von Seiten des Lesers und Verstehers, der einen Text liest bzw. versteht. [...] Damit ist Folgendes gemeint: Texte ohne Leser sind bedeutungslos. Die Öffnung auf den Leser hin ist für Texte konstitutiv.
[...] Noch immer bleibt zu klären, wie man sich diese ‚Welt des Textes' vorstellen kann. Die intertextuelle Exegese hat dazu einen weiteren Vorschlag gemacht. Sie sieht das Hintergrundwissen, das ein Text aufruft, also die Enzyklopädie des Textes, als maßgeblich für sein Verstehen. [...] Eine andere Größe ist in der Rekonstruktion des Textes durch den Leser markiert. [...] Insgesamt zeigt sich, dass die Begegnung mit der Textwelt (Text und Textrekonstruktion(en) durch den Leser) bestimmte Größen aufruft (Auslegungsgemeinschaft, Enzyklopädie der Auslegungsgemeinschaft, Enzyklopädie des Textes). [...]
Ähnliches wie zum Text und zur Beschreibung der Textwelt lässt sich im Blick auf den Leser und seine Welt sagen. [...] Bei der Begegnung mit biblischen Texten tritt der Leser in einer bestimmten Weise in das Blickfeld. Es interessiert seine Beziehung zum Text. Bringt er Fragen mit, die der Text vielleicht beantworten kann? Kennt er Erfahrungen, die auch der Text erzählt? Verfolgt er bestimmte Absichten mit dem Text? [...] Für das biblische Lernen in christlich-theologischer Hinsicht ist der Leser noch in einer weiteren Hinsicht zu verdeutlichen. Er wird als Adressat des Wortes Gottes kenntlich. [...] Insgesamt gilt, dass nicht nur der Leser auf den Text ausgreift, sondern auch der Text auf den Leser hin. Bewegungen auslöst. Für den Prozess des biblischen Lernens ist es deshalb wichtig, dass sowohl die Textwelt als auch die Leserwelt zueinander sprechen und dass die Bewegungen, die ausgelöst werden, einen Ausdruck finden."[49]

49 Mirjam Schambeck: Bibeltheologische Didaktik, Göttingen 2009, 121–129.

Arbeitsfragen

1. Erlaubt dieser fachdidaktische Ansatz den Lehrkräften und den SchülerInnen die Einnahme einer **Innen**- und einer **Außenperspektive**? Und kann – unter Beachtung der Innen- und der Außenperspektive – das Kennenlernen christlicher Lebenspraxis ermöglicht werden?
2. Inwiefern spiegelt dieser fachdidaktische Ansatz die gemeinsame Verantwortung von Staat und Kirche für den konfessionellen Religionsunterricht wider? Sind sowohl die **Rede über Religion** als auch die eigene Verwendung **religiöser Sprache** möglich?
3. Ermöglicht der fachdidaktische Ansatz, dass zwischen **Sachverhaltsvermutungen** und **Sprechakten** unterschieden werden kann? Können daher authentische Glaubensaussagen – die auf das nach Luther Unverfügbare hinweisen – ebenso ermöglicht werden wie eine reflektierte Ablehnung des christlichen Glaubens?
4. Ermöglicht dieser fachdidaktische Ansatz die Betrachtung des **Lerngegenstands** aus verschiedenen Blickwinkeln, die Assoziierung mit anderen Wissensinhalten, kurz: die aktive Auseinandersetzung mit dem **Lerninhalt**?

Problemlage

Die bibeltheologische Didaktik – etabliert vor allem durch Mirjam Schambeck – verbindet hermeneutisch orientierte bibeldidaktische Ansätze mit aktuellen rezeptionsästhetischen Einsichten. Hermeneutisch geprägte Modelle (Ingo Baldermann, Horst Klaus Berg) – gehen immer von einer vermittelbaren Wirkung des biblischen Textes auf die Rezipienten aus. So sei der biblische Text aufgezeichnet worden, um den SchülerInnen etwas zu zeigen, mitzuteilen, sie lernen zu lassen. Biblische Didaktik sei „die der Bibel eigene Didaktik" und „ein Buch des Lernens" – so z.B. bei Ingo Baldermann. Schambeck zeigt auf, dass biblische Texte ohne Leser als bedeutungslos erscheinen, da der Textsinn sich erst aus der Rekonstruktionsleistung des Rezipienten ergibt.

Hierzu nimmt sie den bibelwissenschaftlichen Zugang des „canonical approach“[50] und den Begriff der „intertextuellen Exegese“[51] auf. Hier geht es weniger um die Absicht des Autors oder den diachronen Aspekt der Entstehungsgeschichte eines Textes, sondern um die Absicht des Werkes (*intentio operis*): „Die intertextuelle Auslegung macht darauf aufmerksam, dass die Texte über ihre Zeit hinausreichen und sich in der Gegenwart neu ereignen, indem sie gelesen, gedeutet und ins Handeln übersetzt werden.“[52]

Dementsprechend betont Schambeck die Bedeutung und den Stellenwert der Kommunikation zwischen Leser und Text.

Ziel

Das Ziel der bibeltheologischen Didaktik ist „die ‚Lebensbotschaft‘ biblischer Texte zu heben“[53]. Dadurch soll die Bibel als Lebens- und Glaubensbuch fruchtbar gemacht werden, indem ihre Texte mit den aktuellen Erfahrungen der Menschen der Gegenwart verbunden werden. Dies soll jedoch nicht unreflektiert geschehen, sondern mithilfe der redaktionsgeschichtlichen Methoden der historisch-kritischen Exegese und unter Beachtung der Leserperspektive:

„Anliegen der bibeltheologischen Didaktik ist es, die Stärken der Intertextualität mit den unabdingbaren Anforderungen der historisch-kritischen Exegese zu verbinden, sodass die Texte aus der Irrelevanz für die heutige Leserschaft herausgeholt werden (Vorwurf an die historisch-kritische Exegese) sowie der Gefahr entgehen, der Interpretationswillkür der Leser/-innen ausgeliefert zu sein (Vorwurf an kanonische Exegese)“.[54]

50 Christoph Dohmen: Der biblische Kanon in der Diskussion, in: ThRv 6 (1995), 451–460, hier: 452.

51 Die intertextuelle Lesart legt den Fokus nicht auf die Zuordnung von biblischen Texten zu bestimmten Zeitepochen, sondern auf den Kanonabschluss als Ausgangspunkt für Verstehensprozesse. Diese kanonische Gestalt wird nun von den verschiedenen Glaubensgemeinschaften – den Auslegungsgemeinschaften – als maßgeblich und orientierend festgelegt und variiert dementsprechend. Vgl. Schambeck, Bibeltheologische Didaktik, 93ff.

52 Schambeck: Bibeltheologische Didaktik, 88.

53 Schambeck: Bibeltheologische Didaktik, in: Mirjam Zimmermann/Ruben Zimmermann, Handbuch Bibeldidaktik, Tübingen 2013, 439.

54 Ebd., 440.

Konzeptioneller Schwerpunkt

Da es nicht darum geht, dass die Bibel eine eigene Didaktik hat oder dass die Bibel als Unterrichtsgegenstand in die Lebenswelt der SchülerInnen hineinvermittelt werden soll, sondern um die Beziehung von Text und Leser, geht Schambeck nicht nur von einer Intertextualität zwischen den einzelnen biblischen Texten und zwischen Text und Kanon aus, sondern von einer Beziehung zwischen Text und Lebenswelt der SchülerInnen. Denn auch die Lebenswelt stellt einen „Text" dar (im Sinne von Geertz' „ensemble of texts"), den man „lesen" könne. „Es gilt, die Welt des Textes und die Welt des Lesers zueinander sprechen zu lassen."[55]

Die intertextuelle Lesart soll hier nun als Instrumentarium dienen. Dabei werden folgende Schritte vorgeschlagen:

Prozedurale Analyse: Dabei ist ein biblischer Text innerhalb des Kanons und mit seinem Hintergrundwissen (der so genannten *Enzyklopädie des Textes*: Zeitumstände, Kultur, Atmosphäre) zu analysieren.

Zunächst soll eine Strukturanalyse des Einzeltextes nach Syntax und Semantik, Rhetorik und Stilistik erfolgen. Anschließend ist der Nah-Kontext des Textes zu ermitteln: Die Stellung des Textes im jeweiligen Kanonteil (AT oder NT) wird analysiert, ebenso werden weitere Verweistexte hinzugezogen, um „den Einzeltext im ‚Resonanzraum' der anderen Texte"[56] lesen zu können. Die Veränderungen des Redaktors, mit denen er den Text in den Kanon einbettet, sollen eruiert werden. Zudem ist der Groß-Kontext, die Stellung des Textes in der gesamten Bibel zu erarbeiten. Abschließend folgt das Erarbeiten der Wirkungsgeschichte innerhalb der Auslegungsgemeinschaft (z.B. der katholischen Kirche, auch der jüdischen Gemeinschaft). In diesem ersten Schritt fungieren hauptsächlich die LehrerInnen, nur selten die SchülerInnen als Modell-Leser.

Strukturale Interpretation: Die Ergebnisse aus dem ersten Schritt werden auf den Gesamttext bezogen. Dabei werden einzelne Interpretationen mit dem Ganzen und der Auslegungsgemeinschaft verbunden (Zusammenhänge, Erfahrungen, Kultur). Hier spielen die SchülerInnen innerhalb der „Verstehergemeinschaft" (d.h. der Klasse) zusammen mit der Lehrkraft eine große Rolle und können sich als empirische Leser mit ihrem

55 Schambeck: Bibeltheologische Didaktik, 67.
56 Ebd., 135.

„Text“ der Lebenswelt und Lebensdeutungen, ihren entwicklungspsychologischen Voraussetzungen, Vorwissen, fehlender oder vorhandener religiöser Sozialisation als Subjekt des Auslegungsgeschehens einbringen.

Zusammenfassende Interpretation: Hier geschieht die Ergebnisbündelung aus den ersten beiden Schritten, um den Text endgültig auszulegen.

Die Deutungen der einzelnen LeserInnen werden dann in der „Verstehergemeinschaft“ mit ihrem jeweiligen Vorverständnis, dem gemeinsamem Vorwissen in Hinblick auf das Thema abgeglichen. Die unterschiedlichen subjektiven „Texte“ sind dann wiederum

> „von der maßstabgebenden Auslegungsgemeinschaft, sprich den Kirchen, her in den Blick zu nehmen. Das heißt für den Text, ihn als Text zu lesen, der von der Auslegungsgemeinschaft der Kirchen als maßgeblich (kanonisch) angesehen wurde und als solcher normierende und orientierende Geltung beanspruchen kann“.[57]

Praktisch sieht dies so aus, dass hier dann die Lehrkraft die Lehren und Interpretationen der Kirchen bzw. der jüdischen Auslegungen einbringen kann.

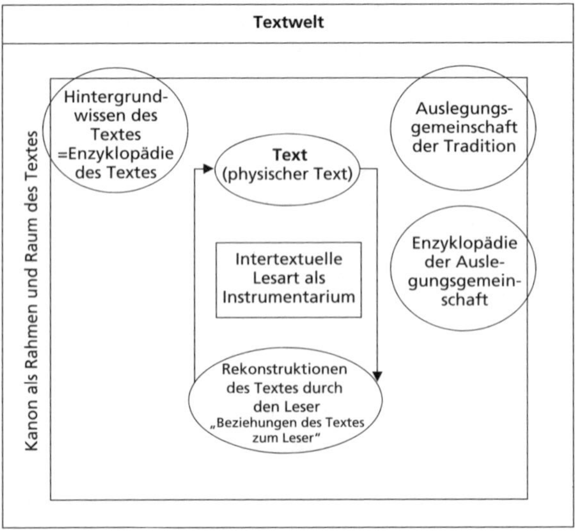

Schaubild 8: Textwelt, nach Mirjam Schambeck, Bibeltheologische Didaktik, 128

57 Ebd, 66.

Didaktische Prinzipien

- Aus dem fachdidaktischen Prinzip und der Betonung des Rezipienten ergibt sich die wechselseitige Erschließung und Bewegung von Leser und biblischem Text bzw. theologischem Thema.
- Aus der Betonung der Enzyklopädie des Textes ergibt sich das Prinzip eines wissenschaftsfundierten Unterrichts.
- Aus der Betonung der Welt des Lesers ergibt sich das Prinzip der Schülerorientierung und des entdeckenden Lernens.
- Insgesamt fördert die bibeltheologische Didaktik kommunikative Unterrichtsprinzipien.

Methodische Prinzipien

- Methoden, die sich aus der Exegese ergeben: Textanalyse, Arbeit mit Lexika, Konkordanzen, Atlanten, Übersetzungshilfen etc.
- Methoden, die das „Lebenswissen“ von SchülerInnen aufnehmen: Unterrichtsgespräche, Diskussionen, fragend-entwickelnde Unterrichtsgespräche etc.
- Methoden, die sich mit biblischen Texten und Interpretationen beschäftigen und auch einen Perspektivenwechsel ermöglichen: Texttheater, Bibliodrama, Bibliolog etc.

Kompetenzerwerb

- Die SchülerInnen erwerben rezeptionsästhetische, bibeldidaktische Kompetenzen, da sie ihre eigenen Erfahrungen und ihren Bezug zum biblischen Text einbringen und damit Sinn neu konstituieren (Interpretations- und Deutungskompetenz).
- Die SchülerInnen erwerben eine hohe Sachkompetenz im Hinblick auf die biblischen Texte und die geltenden Grundsätze der Auslegungsgemeinschaft.
- Die SchülerInnen erwerben durch den fachdidaktischen Ansatz der bibeltheologischen Didaktik eine Einführung in eine „kanonische Kompetenz“ bzw. die Kompetenz einer wissenschaftlichen, metho-

disch reflektierten Lektüre, da sie sich auf unterschiedliche Weise mit den biblischen Texten oder Themen auseinandersetzen.

Konkretion am Beispiel der Bibelstelle Römer 3, 21–31

Aus dem fachdidaktischen Ansatz der bibeltheologischen Didaktik ergeben sich folgende fachdidaktische Prinzipien als Strukturhilfen: das Antizipieren und Einbringen der Erfahrungen und des Wissens der SchülerInnen (*Welt des Lesers*) sowie dessen (theologisches) Hintergrund- und Lebenswissen, Weltbilder und entwicklungspsychologische Aspekte (*Enzyklopädie des Lesers*).[58] Weitere Strukturhilfen sind die Exegese (*Welt des Textes*) und das Eruieren der Hintergrundinformationen des Textes (*Enzyklopädie des Textes*). Als Korrektiv dienen abschließend die Deutungsgemeinschaften der Klasse sowie der *Auslegungsgemeinschaft und deren Enzyklopädie*[59] (z.B. der Kirche).[60]

Welt des Lesers und Enzyklopädie des Lesers Der Leser kann beim ersten Lesen an die Gerechtigkeit (Gottes) denken, er wird seine Assoziationen zu den Begriffen „Beschneidung", „Gesetz", „Schuld", „Sünde", „Gnade", „Erlösung", „Glaube," „Gleichheit" einbringen.

Es kann schon davon ausgegangen werden, dass SchülerInnen die Opposition „Gesetzeswerke" / „Glauben" kennen und dass sie bereits die Rechtfertigungslehre im Unterricht erarbeitet haben. In höheren Schul-

58 Die Welt des Lesers und die Enzyklopädie des Lesers zusammen ergeben die Verstehergemeinschaft der Leser und deren Enzyklopädie. Dies wird hier aber aus pragmatischen Gründen zusammengeführt, weil eine Klasse oft ähnliches Hintergrundwissen aufgrund des gemeinsamen Unterrichts ausweist und eine Differenzierung nicht praktikabel ist.

59 Auslegungsgemeinschaft und Enzyklopädie der Auslegungsgemeinschaft werden hier zusammen als eine Strukturierungshilfe dargestellt, weil die Differenzierung in einer Schulklasse praktisch kaum umzusetzen und auch nicht weiterführend ist. Die getrennte Analyse wäre jedoch als hochschuldidaktisches Modell tragfähig.

60 Diese Vorgehensweise nach den genannten Prinzipien ergibt sich aus der prozeduralen Analyse und hat sich für die Unterrichtsvorbereitung und die Seminararbeit im Rahmen des Seminars „Was macht das NT im RU – neutestamentliche Texte religionspädagogisch entfaltet" bewährt. Die hier nur knapp skizzierte Auslegung zum Römerbrief ist in Zusammenarbeit mit Dr. Jochen Flebbe (Dortmund) entstanden.

stufen ist zu erwarten, dass die Opposition von „Juden“/„Heiden“ bekannt ist.

Welt des Textes: In Römer 3,21–31 liegt eine Ringkomposition vor, wobei Gesetz (= Tora) und Glaube den Rahmen bilden. Im Text wird deutlich, dass genau die Gerechtigkeit Gottes in Erscheinung getreten ist, die durch Gesetz und Propheten bezeugt ist (Bezug zum Großkontext: AT). Es geht also um mehr als eine Vorankündigung, vielmehr steht schon immer Gottes Gerechtigkeit nicht mit dem Tun der Tora, sondern mit dem Glauben im Zusammenhang (3,31). Es muss also im AT nach dem Verhältnis von Gerechtigkeit, Glaube und Tora gesucht werden. Einen ersten Hinweis dafür bietet der Nahkontext, denn mit dem Zitat von Hab 2,4 in Röm 1,17 und der Abrahamargumentation in Röm 4 nimmt Paulus darauf Bezug.

In V. 22 wird die Gerechtigkeit Gottes beschrieben, die durch den Glauben kommt und nicht durch das Tun der Tora (3,20). Dementsprechend gilt für die Glaubenden, und das heißt für alle Glaubenden und nicht nur für Israel, dass sie durch das Tun der Tora exklusiv von den Heiden unterschieden sind. So gilt: Die Gerechtigkeit des einen Gottes ist für die eine Menschheit, wenn sie glaubt.

Enzyklopädie des Textes: Wichtig ist, dass die Opposition von Juden und Heiden beachtet wird, denn es wird schon in Römer 1,16.17 gesagt, dass es keinen Unterschied zwischen Juden und Heiden gibt, weil vor Gott kein Ansehen der Person gilt (2,11). Daher zählen menschliche Unterschiede nicht. Zudem sind alle gleichermaßen Sünder (V. 23), die alle der Herrlichkeit Gottes ermangeln. Es geht also noch nicht um die lutherische Rechtfertigungslehre der Gerechtsprechung des Einzelnen – das ist bereits eine Interpretation einer Auslegungsgemeinschaft vor dem Hintergrund ihrer Enzyklopädie.

Ein Bezug zum AT (als Großkontext) ist möglich: V. 23 ist eine Nacherzählung von Gen 3, da die Menschen im Bilde Gottes geschaffen wurden und so Teil haben an der Herrlichkeit Gottes. Allerdings ging beim Sündenfall diese Herrlichkeit Gottes verloren, deshalb sind also die Menschen Sünder und ermangeln der Herrlichkeit Gottes. Das Ziel aber ist, dass am Ende der Zeit, bei der Aufnahme in den Himmel diese *doxa* für die Menschen wieder hergestellt wird.

Auslegungsgemeinschaft und Enzyklopädie der Auslegungsgemeinschaft: Hier ist nun die lutherische Rechtfertigungslehre anzuführen, die auch eine Textinterpretation zu leisten vermag, jedoch nicht der Enzyklopädie des Textes zuzuordnen ist.

Chancen

- Die SchülerInnen interpretieren die biblischen Texte rezeptionsästhetisch, aber nicht willkürlich, da sie ihre jeweiligen Deutungen zunächst im Kontext der „Verstehergemeinschaft" vergleichen und diese durch die Auslegungsgemeinschaft korrigiert werden können. Zudem ist immer die Enzyklopädie des Textes zu beachten und der Überlieferungszusammenhang bleibt bestehen.
- Die Sachkompetenz im Hinblick auf bibelkundliche Kenntnisse wird erheblich gefördert.

Grenzen

- Die anspruchsvolle Methode der Exegese lässt eine Umsetzung nur in höheren Schulklassen zu. Zudem kann die sehr aufwändige und kleinschrittige Analyse von Nah- und Großkontext der biblischen Texte die SchülerInnen auch kognitiv überfordern.
- Es ist religionsdidaktisch nicht leistbar, die Stellung des Textes in der Bibel – das heißt im Großtext – zu verorten. Dies hängt eng mit der Frage nach dem Kanonverständnis zusammen, denn bei der Präsupposition eines einheitlichen Kanons kann seine Pluralität durch die Einebnung von Widersprüchen und Ambivalenzen biblischer Texte verloren gehen.
- Der stete Verweis auf andere biblische Verse – ohne gut ausgearbeitete Kriterien – kann zu einer Suche nach weiteren „passenden Stellen" führen und daher auch assoziativ beliebig werden.
- Die Vorbereitung bedeutet einen erheblichen Arbeitsaufwand für die Lehrkraft, die als „Anwalt des Textes" und „Anwalt der Auslegungsgemeinschaft" – aufgrund ihrer konfessionellen Gebundenheit – fungiert.
- Hauptsächlich rekurriert die bibeltheologische Didaktik auf schriftliche biblische Texte, was die didaktischen Möglichkeiten im Umgang mit der Bibel einschränkt, zu einer Textlastigkeit im Unterricht führen und auf Dauer auch methodisch eintönig werden kann.

- Das Eruieren der Verstehensvoraussetzungen der bibeltheologischen Didaktik ist ein so komplexer Vorgang, dass das Konzept in Schulklassen, in denen nur ein- oder zweimal in der Woche Religion unterrichtet wird, kaum praktisch umzusetzen ist.
- Zudem stellt sich die Frage, ob die Wahrnehmung der Lesenden wirklich konsequent geschieht, denn die Lehren der Auslegungsgemeinschaft – als Korrektiv der subjektiven Deutungen – lassen wenig eigenen Spielraum zu. Dies kann aber – je nach konfessioneller Ausrichtung des Unterrichts – modifiziert werden.

Chancen/Grenzen im Hinblick auf inklusive Klassen

Der fachdidaktische Ansatz der bibeltheologischen Didaktik ist im Hinblick auf einen inklusiven Religionsunterricht nur schwer umzusetzen, da sich aufgrund der weitgehend fehlenden Handlungs- und Produktionsorientierung des Ansatzes wenig Möglichkeiten zur Binnendifferenzierung ergeben. Besonders die Textlastigkeit erschwert die Umsetzung in inklusiven Klassen, z.B. für SchülerInnen mit dem Förderbedarf Lernen, Sprache und Lesen.

Eignung für folgende Schulstufen
Sek II

4.8 Korrelative fachdidaktische Perspektive

„Die abduktive Korrelation versteht sich als Weiterentwicklung der Korrelationsdidaktik in zweifacher Hinsicht: zum einen konzeptuell als Erweiterung der Grundlagen des Korrelationsprinzips, zum andern methodisch als professionelles Instrumentarium der Unterrichtskommunikation. [...] Die Korrelationsdidaktik ist die grundlegende Didaktik innerhalb der (katholischen) Religionspädagogik. [...] Korrelation meint die Wechselbeziehung von theologischen Inhalten und heutiger Kultur. [...] Aufgabe der Religionspädagogik ist es, das Korrelationsprinzip in eine Korrelationsdidaktik zu erweitern. [...] Die Elementarisierung setzt Inhalte (Strukturen, Wahrheiten), SchülerInnen (Erfahrungen, Zugänge) und Zeichen (Lernformen) in eine triadische Wechselbeziehung, was der abduktiven Korrelation entspricht. [...] Abduktion bedeutet Erklären. Das Neue wird mittels des Alten erklärt. Abduktive Korrelation ist die Erklärung der neuen Religiosität mittels der christlichen Tradition." [...][61]
„Der Korrelationsgedanke ist in der ihm zugrunde liegenden dialogisch-wechselseitigen Zuordnung von Subjekt und Objekt problematisch. [...] Hier setzt nun die Alteritätstheoretische Didaktik an. Diese basiert auf einem Erfahrungsbegriff, der sich gleichermaßen am Subjekt wie an der biblischen Botschaft ausrichtet. [...] Darum basiert der alteritätstheoretische Erfahrungsbegriff auf einem sehr komplexen Erfahrungsbegriff. Einerseits müssen die Verstehens- und Handlungsbedingungen im Subjekt bedacht werden, will man den Menschen denn wirklich ernst nehmen. Andererseits muss die menschliche Erfahrung in Kategorien von Freiheit formuliert sein. [...] Ein in dieser Weise neu bestimmter alteritätstheoretischer Erfahrungsbegriff begründet eine Didaktik, die unter der Maxime der kritischen Subjektorientierung sich radikal den Beziehungen und den Lebenswelten der Schülerinnen und Schüler zuwendet, sich dort verortet und genau darin die kritisch-produktive Kraft der biblischen Botschaft einzuspielen vermag."[62]

Arbeitsfragen

1. Erlaubt dieser fachdidaktische Ansatz den Lehrkräften und den SchülerInnen die Einnahme einer **Innen**- und einer **Außenperspektive**? Und kann – unter Beachtung der Innen- und der Außenperspektive – das Kennenlernen christlicher Lebenspraxis ermöglicht werden?

61 Stefan Heil: Abduktive Korrelation – Weiterentwicklung der Korrelationsdidaktik, in: Grümme/Lenhard/Pirner (Hrsg.): Religionsunterricht neu denken, Auszüge der Seiten 55–58.

62 Bernhard Grümme: Alteritätstheoretische Religionsdidaktik, in: Grümme/Lenhard/Pirner (Hrsg.): Religionsunterricht neu denken, 119–120.

2. Inwiefern spiegelt dieser fachdidaktische Ansatz die gemeinsame Verantwortung von Staat und Kirche für den konfessionellen Religionsunterricht wider? Sind sowohl die **Rede über Religion** als auch die eigene Verwendung **religiöser Sprache** möglich?
3. Ermöglicht der fachdidaktische Ansatz, dass zwischen **Sachverhaltsvermutungen** und **Sprechakten** unterschieden werden kann? Können daher authentische Glaubensaussagen – die auf das nach Luther Unverfügbare hinweisen – ebenso ermöglicht werden wie eine reflektierte Ablehnung des christlichen Glaubens?
4. Ermöglicht dieser fachdidaktische Ansatz die Betrachtung des **Lerngegenstands** aus verschiedenen Blickwinkeln, die Assoziierung mit anderen Wissensinhalten, kurz: die aktive Auseinandersetzung mit dem **Lerninhalt**?

Problemlage

Der Fokus des fachdidaktischen Ansatzes der Korrelation wurde begrifflich durch Paul Tillich als Begriff in die Theologie eingeführt,[63] von den evangelischen Religionspädagogen Ingo Baldermann, Horst Klaus Berg und Gerd Theißen in ihren bibeldidaktischen Entwürfen weiterentwickelt und von der deutschen Bischofskonferenz als Leitmotiv der katholischen Religionspädagogik (z.B. Georg Baudler) aufgenommen.[64] Dieser Ansatz beruht auf der Annahme einer Korrelation von christlicher Botschaft und menschlichem Leben. Der Religionsunterricht solle durch korrelationsdidaktische Ansätze verstärkt eine Rückbindung an die Theologie ermöglichen.[65]

---

63 Paul Tillich: Systematische Theologie, 3 Bände, Stuttgart 1955/58/66.

64 Zentralstelle Bildung der Deutschen Bischofskonferenz (Hrsg.): Zielfelderplan für den kath. Religionsunterricht an der Grundschule, 1977.

65 Vgl. Rudolf Englert: Die Korrelationsdidaktik am Ausgang ihrer Epoche. Plädoyer für einen ehrenhaften Abgang, in: Georg Hilger/George Reilly (Hrsg.): Religionsunterricht im Abseits? Das Spannungsfeld Jugend – Schule – Religion, München 1993, 97–110; Georg Hilger: Korrelationen entdecken und deuten, in: Ders./Stephan Leimgruber/Hans-Georg Ziebertz (Hrsg.): Religionsdidaktik. Ein Leitfaden für Studium, Ausbildung und Beruf, München 2010, 344–354; Hans Mendl: Korrelation und Bibeldidaktik, in: Zimmermann/Zimmermann (Hrsg.): Handbuch Bibeldidaktik, 404–409; Heil: Abduktive Korrelation, 55–67; Grümme: Alteritätstheoretische Religionsdidaktik, 119–132.

Korrelation in hermeneutischer Hinsicht nimmt die menschliche Erkenntnis in den Blick, die sich „aus dem kritisch-produktiven Zueinander von Altem und Neuen“[66] ergibt. Als theologische Denkform untersucht Korrelation, inwiefern Theologie die Fragen und Inhalte der Offenbarung fundamentaltheologisch reflektiert und vor dem Forum der menschlichen Vernunft begründet darlegt.[67] Religionspädagogisch betrachtet, geht Korrelation von einem „erfahrungsorientierten Religionsbegriff“[68] aus. Dabei gilt der Grundsatz der Würzburger Synode: „Der Glaube soll im Kontext des Lebens vollziehbar, und das Leben soll im Lichte des Glaubens verstehbar werden“.[69]

Ziel

Ziel korrelationsdidaktischer Ansätze ist es, eine wechselseitige Beziehung von Bibeltext und Leser anzustreben, das heißt „die wechselseitige Erschließung von SchülerIn (Subjekt) und jüdisch-christlicher Tradition bzw. biblischer Botschaft (Objekt). Beide werden miteinander in ein dialogisches, kritisch-produktives Gespräch gebracht“.[70]

Konzeptioneller Schwerpunkt

Aufgrund der Kritik an der Korrelationsdidaktik[71] sind nicht nur verschiedene Typen von bibeldidaktischen korrelativen Ansätzen[72], sondern

---

66 Mendl: Korrelation und Bibeldidaktik, 404.

67 Vertieft von Edward Schillebeeckx und Karl Rahner. Vgl. Karl Rahner: Grundkurs des Glaubens, Freiburg 1976; Edward Schillebeeckx: Erfahrung aus Glauben: Edward-Schillebeeckx-Lesebuch, Freiburg 1984.

68 Mendl: Korrelation und Bibeldidaktik, 405.

69 Der Religionsunterricht in der Schule, in: Gemeinsame Synode der Bistümer in der Bundesrepublik Deutschland. Offizielle Gesamtausgabe, Bd. 1, Freiburg im Breisgau/Basel/Wien 1976, 113–152, hier 2.4.2.

70 Grümme: Alteritätstheoretische Religionsdidaktik, 119.

71 Kritik an der Dominanz der Glaubensüberlieferung, z.B. durch Burkhard Porzelt: Grundlinien biblischer Didaktik, Bad Heilbrunn [3]2012, 47–54; Kritik an der Dominanz der Gegenwartserfahrung, z.B. durch Thomas Ruster: Die Welt verstehen „gemäß den Schriften“. Religionsunterricht als Einführung in das biblische Wirklichkeitsverständnis, in: rhs 45 (2002), 189–203; zur fundamentalen Kritik an der Korrelation, weil im Religionsunterricht einer säkularen Schule kein existenzieller Bezug zu biblischen Texten zu verantworten sei, vgl. Rudolf Englert: Die Korrelationsdidaktik am Ausgang ihrer Epoche, 97–110.

72 Rainer Lachmann unterscheidet wie folgt: „1. Korrelation durch strukturanaloge Grunderfahrungen in biblischen Texten und Schülerleben; 2. Korrelation durch

auch neuere Weiterentwicklungen auszumachen: die abduktive Korrelation (lat. *abductio*: wegführen, entführen), der Ansatz der Dekonstruktion (frz. *déconstruction*: Zerlegung, Abbau), die bibeltheologische Didaktik (vgl. Kapitel 4.8), alteritätsdidaktische Ansätze (lat. *alter*: der eine, der andere von beiden) und performative Entwürfe (vgl. Kapitel 4.4).[73]

Der fachdidaktische Ansatz der abduktiven Korrelation[74] geht von einem dritten Weg der Abduktion aus, wobei die SchülerInnen durch ihre eigenen Zugänge Gedanken entwickeln können, die „überraschende Bezüge zur biblisch-christlichen Tradition ausweisen".[75] So wird als „vermittelndes Drittes die Dimension des Zeichens"[76] eingebracht:

„ – x = lebensweltliche Bedeutung (empirische Daseinsdimension)
– y = vermittelndes Zeichen
– z = christliche Tradition (Welt des biblischen und christlichen Glaubens)"[77]

Dabei wird davon ausgegangen, dass gerade Jugendliche oft (transformierte) Zeichen aus der christlichen Tradition verwenden, wodurch Neues entsteht, was wiederum Chancen birgt:

„Wenn Altes und Neues nicht als Gegensätze verstanden werden, sondern verbunden sind, korrelieren, wie ist dann das Alte im Neuen vorhanden und wie kann es religionspädagogisch genutzt werden?"[78]

Statt nur deduktiv das Neue (z.B. genutzte Zeichen der SchülerInnen) aus dem Alten (der christlichen Tradition) abzuleiten oder induktiv die (neue) Religiosität der SchülerInnen der christlichen Tradition zuzuordnen, ermöglicht das Prinzip der Abduktion eine Erklärung der neuen Zeichen mithilfe der christlichen Tradition (des Alten):

---

den Bibeltext als Infragestellung von Verhaltensweisen und Auffassungen; 3. Korrelation durch den Ausweis der Wirkungsgeschichte biblischer Texte; 4. Korrelation durch Aufzeigen eines inhaltlichen „Mehr als" in der biblischen Botschaft; 5. Korrelation durch das Bewusstmachen verschiedener Sehweisen der einen Wirklichkeit.": Rainer Lachmann: Historischer Kontext: Ansätze und Grundfragen der Religionsdidaktik am Ende des 20. Jahrhunderts, in: Grümme/Lenhard/Pirner (Hrsg.): Religionsunterricht neu denken, 14–28, hier 23.

73 Vgl. Mendl: Korrelation und Bibeldidaktik, 408.

74 Vgl. Andreas Prokopf/Hans-Georg Ziebertz: Abduktive Korrelation – eine Neuorientierung für die Korrelationsdidaktik? RpB 44 (2000), 19–50.

75 Mendl: Korrelation und Bibeldidaktik, 408.

76 Stefan Heil: Abduktive Korrelation, 56.

77 Ebd.

78 Ebd., 57.

„Zeichen und Bedeutungen der neuen Religiosität werden aufgedeckt, dabei werden transformierte Zeichen und Bedeutungen aus der christlichen Tradition nach ihrer tatsächlichen Verwendung mäeutisch ans Licht gebracht.“[79]

Auch das unverbundene Nebeneinanderstehen von neuer Religiosität und christlicher Tradition kann möglich sein (Nicht-Schließen). Somit soll die abduktive Religionsdidaktik dazu verhelfen, „die Bedeutung transformierter Religion in der heutigen Religiosität zu rekonstruieren“[80], wobei neue, gewagte Hypothesen formuliert werden können. Dabei wird die christliche Tradition genutzt, um den Sinn von Schüleräußerungen oder Äußerungen in den verschiedenen Medien zu deuten.

Der Ansatz der Dekonstruktion[81] betont, dass sowohl die Welt der Bibel als auch der SchülerInnen „einem Prozess der Destruktion und Konstruktion ausgesetzt“[82] sind, wobei bisherige Denkkonstrukte aufgebrochen werden und damit das eigene Selbst-, Welt- und Gottesverständnis irritiert wird. So gilt es, „die Widersprüchlichkeit, Vielsinnigkeit und Bedeutungsoffenheit eines Textes im Auslegungsgeschehen geltend zu machen; seine Brüche, Widersprüche und Inkonsistenzen eines Textes aufzuspüren“.[83] Durch eine dekonstruktive Bibelarbeit (Lesen – Dekonstruktion durch mehrmaliges, kritisches Lesen – intertextuelle Lektüre) kann Sinn generiert werden, weil Text-Text-Bezüge deutlich werden.[84]

Alteritätsdidaktische Ansätze betonen einen Erfahrungsbegriff, welcher sich „gleichermaßen am Subjekt wie an der biblischen Botschaft orientiert“[85] und gerade das Andere und Fremde biblischer Texte als religionsdidaktische Möglichkeiten sieht. So sei die bleibende Fremdheit von biblischer Welt und Lebensweltbezug eine Chance für eine „realistische, weil irritierende, widerständige und nicht glatt aufgehende Korrelation“.[86] Insbesondere die Fremdheit biblischer Texte könne die SchülerInnen

79 Ebd., 58.
80 Ebd., 59.
81 Vgl. Ulrich Kropač: Dekonstruktionen: ein neuer religionspädagogischer Schlüsselbegriff? Ein Beitrag zur Diskussion um das Korrelationsprinzip. RpB 48 (2002), 3–18.
82 Mendl: Korrelation und Bibeldidaktik, 408.
83 Schambeck: Bibeltheologische Didaktik, 59.
84 Vgl. Ulrich Kropač: „Da rang mit Jakob ein Mann ...“. Skizze einer dekonstruktiven Bibeldidaktik, in: Matthias Bahr/Mirjam Schambeck (Hrsg.): Subjektwerdung und religiöses Lernen. Für eine Religionspädagogik, die den Menschen ernst nimmt, München 2005, 124134.
85 Grümme: Alteritätstheoretische Religionsdidaktik, 119.
86 Mendl: Korrelation und Bibeldidaktik, 408.

dazu veranlassen, sich an ihrer eigenen Wirklichkeitskonstruktion zu reiben oder zu orientieren.

„Ein in dieser Weise neubestimmter alteritätstheoretischer Erfahrungsbegriff begründet eine Didaktik, die unter der Maxime der kritischen Subjektorientierung sich radikal den Beziehungen und den Lebenswelten der Schülerinnen und Schüler zuwendet, sich dort verortet und genau darin die kritisch-produktive Kraft der biblischen Botschaft einzuspielen vermag.“[87]

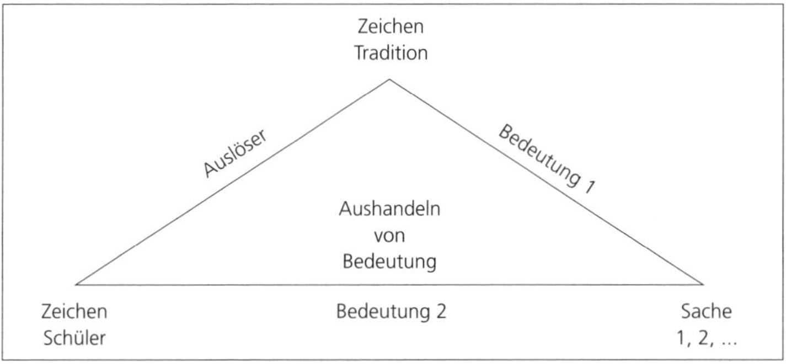

Schaubild 9: Das Aushandeln von Bedeutung im Religionsunterricht, aus: Ziebertz, Hans-Georg/Heil, Stefan/Prokopf, Andreas (Hg.), Abduktive Korrelation. Religionspädagogische Konzeption, Methodologie und Professionalität im interdisziplinären Dialog, Münster 2002, 60

Didaktische Prinzipien

- Korrelative fachdidaktische Ansätze führen zu den didaktischen Prinzipien eines kommunikativen Unterrichts.
- Sie führen zu didaktischen Prinzipien wie Schülerorientierung, erfahrungsbezogener Unterricht, entdeckendes Lernen sowie Individualisierung, Differenzierung oder kooperatives Lernen.
- Korrelative fachdidaktische Ansätze führen dazu, dass didaktische Prinzipien wie Freiarbeit, Wochenplanarbeit bzw. allgemein offener Unterricht angeboten werden, damit die SchülerInnen eigene Fragen

87 Grümme: Alteritätstheoretische Religionsdidaktik, 120.

entwickeln und einbringen, diese mithilfe unterschiedlicher Angebote selbstständig bearbeiten und soweit wie möglich selbst lösen und präsentieren können. Das „Moment des Offenen“[88] gewinnt eine zentrale Bedeutung und ungeplante Unterrichtsprozesse sind erwünscht.
- Der Ansatz der Dekonstruktion und alteritätstheoretische fachdidaktische Ansätze betonen die radikale Zuspitzung des Fremden und die kritische Subjektorientierung, das heißt das Einbringen von fremd gewordenen biblischen Inhalten bzw. „fremd gewordene[r] Gottesrede“ um die „unterhinterfragten Vorstellungsmuster der SchülerInnen aufzusprengen, gesellschaftliche und lebensweltliche Plausibilitäten zu durchbrechen“ und ihnen damit „ein kritisches religiöses Urteil zu ermöglichen“.[89]

Methodische Prinzipien

- Aus korrelativen fachdidaktischen Prinzipien ergeben sich Methoden, die Gesprächsbeiträge von Kindern evozieren, z.B. Erzählungen, Bildbetrachtungen, Arbeit mit Bilderbüchern und Ganzschriften, Gespräch über Fallbeispiele, ein Liedbeitrag, Zeichnungen anderer Kinder oder ein Zeitungsartikel in Form eines stummen Impulses.
- Sämtliche methodische Prinzipien, die im Rahmen eines Unterrichtsgesprächs notwendig sind: Plauderei, Schüler-Schüler-Meldekette, Lehrer-Schüler-Unterrichtsgespräch (Lehrer als Impulsgeber), Schüler-Schüler-Unterrichtsgespräch (Lehrer als Moderator), Einspielen von Impulsen etc.
- Aus der abduktiven Korrelation ergeben sich Methoden, die mit Medien verbunden sind: Filmanalyse, Internetrecherche, Buchbesprechung, Bildbetrachtung etc.
- Aus der dekonstruktiven Didaktik ergeben sich sämtliche Methoden, die das Lesen eines Textes fördern, z.B. Textverdichtung, reziprokes Lesen/Lehren, Lerntempo-Duett, Textanalyse etc.
- Aus der alteritätstheoretischen Didaktik ergeben sich Methoden, die verstärkt zu Konfrontationen im Unterricht auffordern: Podiumsdiskussion, Pro- und Contra-Debatte, Beschäftigung mit Dilemmage-

88 Ebd., 128.
89 Ebd.

schichten, Bildbetrachtung von Bildern, deren Bedeutung sich nicht sofort eröffnet, Filmanalyse, deren Bedeutung (zunächst) unklar bleibt etc.

Kompetenzerwerb

- Die SchülerInnen erwerben durch die korrelativen fachdidaktischen Ansätze die Kompetenz, sich mit ihren Fragen einzubringen und die Fragen anderer wahrzunehmen (Dialogkompetenz).
- Die SchülerInnen können – durch Irritationen – eigene Denkweisen einbringen, diese bzw. den Sinn des Textes neu konstituieren und Zusammenhänge neu wahrnehmen (Wahrnehmungs- und Deutungskompetenz).
- Die SchülerInnen erwerben durch den im Unterricht eingeübten Perspektivwechsel eine differenzierte Selbst- und Fremdwahrnehmung („Differenzkompetenz“[90]).

Konkretion am Beispiel „Religiöse Symbole und Zeichen im Film *Matrix*“[91]

Aus den korrelativen fachdidaktischen Ansätzen ergeben sich folgende fachdidaktische Prinzipien: das Eruieren, Antizipieren und Entdecken von Zeichen und Symbolen (abduktive Korrelation), das Aufdecken von Widersprüchen und die Dekonstruktion von bekannten Welt-, Lebens- und Gottesbildern (dekonstruktive Korrelation), die Didaktik der Betonung des Fremden (alteritätstheoretische Korrelation) und die Ermög-

90 Grümme: Altertitätstheoretische Religionsdidaktik, 131.

91 *The Matrix*, 131 Min., freigegeben ab 16, US-amerikanischer Science-Fiction-Film aus dem Jahr 1999. Regie und Drehbuch: Lana und Andy Wachowski. Die Hauptrollen spielen Keanu Reeves, Laurence Fishburne und Carrie-Anne Moss. 2003 folgte die Fortsetzung mit *Matrix Reloaded* und *Matrix Revolutions*. In *Matrix* geht es um die radikale Steigerung eines Realitätsverlusts: Die gesamte Welt ist computergeneriert, die Menschen dienen intelligenten Maschinen als „Batterien“ und haben nur noch eine virtuelle Realität. In der wirklichen Realität kämpfen einige Menschen in einem U-Boot und hacken sich in die virtuelle Welt der Matrix ein, um diese zu zerstören. Neo, der „Auserwählte“ besiegt nicht nur den Tod, sondern auch die Scheinrealität und die Maschinen.

lichung von Einbettung eigener Religiosität in christliche Traditionen (allgemein korrelative didaktische Ansätze).[92]

Aufdecken von Widersprüchen und Dekonstruktion von bekannten Welt-, Lebens- und Gottesbildern und *Didaktik der Betonung des Fremden*: Der Grundgedanke des Films – die radikale Steigerung eines Realitätsverlusts – stellt die Wirklichkeit von Jugendlichen infrage und ermöglicht eine Dekonstruktion von bekannten Welt-, Lebens- und Gottesbildern. Zugespitzt spricht Reuter von einer „Gefahr einer Erblindung durch die immer weniger kontrollierbare Bilderflut und die in ihrem Realitätsgehalt immer schwerer einzuschätzenden Projektionen der sogenannten Öffentlichkeit“[93]. Dies bringe ein „undurchschaubarer werdendes Verhältnis von Realität und fiktionaler Konstruktion“[94] hervor; Subjekte können immer seltener ihre eigene Realität konstruieren. Doch besonders die Frage nach der Realität der Realität „verweist auf Befindlichkeiten und Realitätswahrnehmungen, die in der Lage sind, unseren Blick für Gefahren unserer Wirklichkeit zu schärfen“[95]. So bietet sich als Einstieg zum Film folgendes Zitat des Protagonisten Morpheus mit Stellungnahme der SchülerInnen und dem Eruieren des Vorwissens zum Film an:

> „Ich will dir sagen, wieso du hier bist. Du bist hier, weil du etwas weißt. Etwas, das du nicht erklären kannst. Aber du fühlst es. Du fühlst es schon dein ganzes Leben lang, dass mit der Welt etwas nicht stimmt. Du weißt nicht was, aber es ist da. Wie ein Splitter in deinem Kopf, der dich verrückt macht. Dieses Gefühl hat dich zu mir geführt.“

---

92 Auch wenn jeder korrelative Ansatz zur Planung von Unterricht genutzt werden kann, veranschaulicht die folgende praktische Umsetzung, inwiefern die Stärken der drei Ansätze und ihre Gemeinsamkeiten aufgegriffen werden können. Für Beispiele zur bibeltheologischen (korrelativen) Didaktik vgl. Kapitel 4.7, für ein Unterrichtsbeispiel zur performativen (korrelativen) Didaktik vgl. Kapitel 4.3.

93 Ingo Reuter: Religionspädagogik und populäre Bilderwelten. Grundlagen – Analysen – Konkretionen, Jena 2008, 225–240, hier: 238.

94 Ebd., 239.

95 Ebd., 226. Vgl. zudem Sebastian Görnitz-Rückert: Anders als es scheint. Matrix als Paradigma gegenwärtiger Jugendreligiosität, in: Martin Laube (Hrsg.): Himmel – Hölle – Hollywood. Religiöse Valenzen im Film der Gegenwart (Symbol – Mythos – Medien, hrsg. von Klaas Huizing/Michael Meyer-Blanck/Hermann Timm, Bd. 1), Münster 2002, 143–167.

Ein Unterrichtsgespräch zu Platons Höhlengleichnis, welches in Form eines Bildes als stummer Impuls eingespielt wird, kann sich anschließen.

Das durch Impulse gelenkte Lehrer-Schüler-Unterrichtsgespräch könnte die Frage aufgreifen, was passieren würde, wenn ein Gefangener aus der Höhle in die Realität flüchtete. Wie würde er mit der Erkenntnis umgehen, dass die zuvor geglaubte Realität nicht mehr real ist? Würden die Mitgefangenen ihm glauben, wenn er zurückkehren und von der Realität berichtete?

Eruieren, Antizipieren und Entdecken von Zeichen und Symbolen von SchülerInnen: Ohne diesen Einstieg und die gegebenen Antworten zunächst näher bewerten und weiter deuten zu wollen, kann der Film in Sequenzen oder komplett mit den SchülerInnen angeschaut werden. Hier sind die Beobachtungsaufgaben nach Faulstich[96], in Kleingruppen arbeitsteilig durchgeführt, besonders hilfreich. Anschließend können die zahlreichen religiösen Symbole gemeinsam eruiert werden.[97] Dabei sei „das wahre Sein […] der sicheren Illusion vorzuziehen, die Zukunft ist offen“.[98] Trotz einer ungewissen Zukunft in der realen Welt, wiegt „der Gewinn der Realität […] diese Risiken mehr als auf“.[99]

96 Vgl. die Beobachtungskriterien in: Werner Faulstich: Grundkurs Filmanalyse, 2. Aufl. Göttingen 2008.

97 Morpheus und das Orakel: Allwissenheit; Nebukadnezar: Name des Raumschiffes und König von Babylon; Zion als Stadt der Zuflucht, apokalyptisch; Morpheus: Traumgott, aber hier bringt er die Wahrheit; Neo: der Ausgewählte: Wiedergeburt und Auferstehung; Morpheus opfert sich für Neo, nicht anders herum (vgl. Isaak); Namensänderung: Mr. Anderson in Neo; kleiner Junge beim Orakel sieht aus wie ein buddhistischer Mönch; die Prophezeiung des Orakels „Erkenne dich selbst“ erinnert an das Orakel in Delphi; Motiv der Suche nach dem Sinn (doch Chypher ist auch damit nicht glücklich), Chyper ist der Verräter (vgl. Judas); Pillenwahl für die Erkenntnis (vgl. Adam und Eva und Höhlengleichnis); Glaube an Neo: „Er ist der Auserwählte“ (vgl. Jesus am Kreuz); Name der Protagonistin Trinity (vgl. Dreieinigkeit); die Erlösung im Kampf gegen die Technologie geschieht durch das Motiv der realen romantischen Liebe („Du kannst nicht tot sein, weil ich dich liebe!“). Zudem bietet *Matrix* eine Erlöserfigur, die wie Jesus gegen die Versuchungen des Teufels ankämpft und den Weg zur Erkenntnis der Wahrheit zu Ende geht. Vgl. Görnitz-Rückert, Anders als es scheint, 154–157.

98 Reuter: Religionspädagogik und populäre Bilderwelten, 233.

99 Ebd., 231.

Ermöglichung von Einbettung eigener Religiosität in christliche Traditionen: Obwohl es kein eindeutiges religiöses Bezugssystem gibt, auf das sich der Film bezieht, können christliche Bezüge anhand der zuvor eruierten verschiedenen Symbole hergestellt werden.[100] Es geht um eine Erlösergestalt, die Wahrheit über die Welt vermittelt, eine Gottesvorstellung ist jedoch nicht auszumachen (wiederum: Parallele zum Buddhismus).

Neutestamentliche Bezüge könnten hergestellt werden, wobei z.B. die Besessenheit durch unreine Geister einen „Verlust von Selbstkontrolle, realistischer Wahrnehmungsfähigkeit und Äußerungsfähigkeit"[101] bedeutet. „Diese Formen des Selbstverlusts stehen in Widerspruch zur Machtentfaltung der durch Jesus vermittelten Rückgewinnung des Selbst, das durch das Ausfahren des unreinen Geistes zu einer authentischen Existenz zurückfindet."[102]

Auch der Bezug zur Kirche kann gezogen werden, denn diese sollte „authentizitätsermöglichende Räume bereitstellen, die Begegnung von realer Qualität ermöglich".[103]

Zudem verweisen die Aspekte Identität und Authentizität „auf das vom Evangelium her intendierte Menschsein des Menschen als selbstbestimmte Existenz".[104]

Chancen

- Neuere korrelative fachdidaktische Ansätze können durch die semiotische Erweiterung Medien wie Filme, Werbung, Bücher etc. stärker in den Blick nehmen.
- Durch Irritationen und durch die Betonung des Fremden in Lernprozessen ist ein hoher Aufforderungscharakter und eine hohe Motivation auf Seiten der Schüler gegeben.
- Religionslehrkräfte erweitern ihre Kompetenz, adäquat auf nicht antizipierbare Schüleräußerungen einzugehen.
- Es können verstärkt emotionale Bezüge zur Sprache gebracht werden.

100 Vgl. Görnitz-Rückert: Anders als es scheint, 161f.
101 Ingo Reuter: Religionspädagogik und populäre Bilderwelten, 237f.
102 Ebd., 238.
103 Ebd., 239.
104 Ebd., 238.

Grenzen

- Das implizite Ziel der abduktiven Korrelation – die neuen Zeichen der SchülerInnen mithilfe der alten Zeichen der christlichen Tradition zu erklären – wirkt so, als ob den SchülerInnen kein Bewusstsein ihrer eigenen „Religion“ zugestanden wird. Stattdessen ist beabsichtigt, dass sie sich ihre „Religion“ mithilfe der christlichen Tradition erklären lassen. Das würde ihnen aber auch ihre Selbstbestimmung als das „Grunddatum ihrer Religiosität“[105] nehmen, wobei SchülerInnen als „Experten bezüglich ihrer eigenen, autonomen ‚Religion‘ zu verstehen“[106] sind.
- Schwierig ist es auch, wenn im Lernprozess zugleich vorausgesetzt *und* darauf hingearbeitet wird, dass sich christliche Themen als Antworten auf die Fragen von SchülerInnen beziehen lassen.[107]
- Zudem ist der Erfahrungsbegriff philosophisch und theologisch höchst differenziert besetzt, sodass es schwierig ist, das dahinter stehende Theoriekonzept (z.B. der alteritätstheoretischen Religionsdidaktik) wahrzunehmen und den Erfahrungsbegriff zu definieren.

Chancen/Grenzen im Hinblick auf inklusive Klassen

- Chancen bieten korrelative fachdidaktische Ansätze im Hinblick auf Inklusion, da Gefühle und persönliche Eindrücke geäußert werden können.
- Insgesamt sind die offenen Lernarrangements, die die Heterogenität einer Klasse berücksichtigen, gut geeignet, um sich kreativ und eigenständig mit dem Gegenstand auseinanderzusetzen.

Eignung für folgende Schulstufen

Sek I; Sek II

105 Grethlein: Fachdidaktik, 210.
106 Ebd., 211.
107 Vgl. Schröder: Religionspädagogik, 585.

4.9 Konstruktiv-kritische Perspektive

„[...] Die konstruktiv-kritische Religionsdidaktik geht nicht von irgendwelchen normativen (dogmatischen, exegetischen, kirchlichen etc.) Vorgaben, sondern konsequent von der Lebenswelt der Schüler/innen aus. Sie will den Subjekten helfen, diese kritisch zu durchschauen und zu gestalten. Der didaktische Zugang wird durch Schlüsselprobleme gefunden. [...]
Die kritisch-konstruktive Religionsdidaktik geht davon aus, dass Menschen in unserer sozialen und geschichtlichen Wirklichkeit in einem Verblendungszusammenhang leben, der weder den Möglichkeiten humanen Zusammenlebens noch der Selbstverwirklichung der Menschen als Ebenbilder Gottes entspricht. Deshalb will sie dieses gesellschaftskonforme Gaukelspiel durchschaubar machen; insofern ist ihre zentrale Aufgabe die Ideologiekritik. [...]
Weil konstitutiv lebenswelt- und subjektorientiert, lehnt sie eine bloße Aneignungsdidaktik ab und nimmt Elemente einer gemäßigt konstruktivistischen Ermöglichungsdidaktik auf, indem sie Schüler/innen zur De- und Rekonstruktion von theologischen, sozialen, historischen und ethischen Sachverhalten ermutigt. [...]
Die konstruktiv-kritische Religionsdidaktik versteht die christliche Tradition als Angebot zu einem kritischen Selbstverständnis der Betroffenen und deren Lebenswelt [...]
Didaktisch konkretisiert sich der konstruktiv-kritische Ansatz als Elementarisierung, die nicht von der Sache, sondern vom Subjekt ausgeht. Diese Elementarisierung vollzieht sich durch die Identifizierung und Strukturierung von Schlüsselproblemen, die von einer verantwortungsfähigen, sozialen und ich-identischen Subjektivität selbsttätig zu lösen sind. [...]
Angesichts der Entwicklung Deutschlands zu einem multikulturellen und damit multireligiösen Land stellt die konstruktiv-kritische Religionsdidaktik die Weichen für eine Überwindung des konfessionellen Religionsunterrichts.“[108]

Arbeitsfragen

1. Erlaubt dieser fachdidaktische Ansatz den Lehrkräften und den SchülerInnen die Einnahme einer **Innen**- und einer **Außenperspektive**? Und kann – unter Beachtung der Innen- und der Außenperspektive – das Kennenlernen christlicher Lebenspraxis ermöglicht werden?

108 Godwin Lämmermann: Konstruktiv-kritische Religionsdidaktik, in Grümme/Lenhard/Pirner (Hrsg.): Religionsunterricht neu denken, 29f.

2. Inwiefern spiegelt dieser fachdidaktische Ansatz die gemeinsame Verantwortung von Staat und Kirche für den konfessionellen Religionsunterricht wider? Sind sowohl die **Rede über Religion** als auch die eigene Verwendung **religiöser Sprache** möglich?
3. Ermöglicht der fachdidaktische Ansatz, dass zwischen **Sachverhaltsvermutungen** und **Sprechakten** unterschieden werden kann? Können daher authentische Glaubensaussagen – die auf das nach Luther Unverfügbare hinweisen – ebenso ermöglicht werden wie eine reflektierte Ablehnung des christlichen Glaubens?
4. Ermöglicht dieser fachdidaktische Ansatz die Betrachtung des **Lerngegenstands** aus verschiedenen Blickwinkeln, die Assoziierung mit anderen Wissensinhalten, kurz: die aktive Auseinandersetzung mit dem **Lerninhalt**?

Problemlage

Die kritisch-konstruktive Perspektive nimmt die Didaktik Wolfgang Klafkis auf, wobei jedoch in programmatischer Absicht die Begriffe „kritisch" und „konstruktiv" umgekehrt genutzt werden: „Das Interesse an Konstruktion regiert die Kritik."[109] Zudem wird die Nähe zur *Frankfurter Schule* des Neomarxismus[110] deutlich, weil auch hier gilt, dass Wahrheit immer subjektiv erarbeitet werden muss und dass „nichts so ist, wie es scheint". Daraus resultiert die Aufgabe, die Gesellschaft kritisch von ihrem Schein zu befreien. „Die konstruktiv-kritische Religionsdidaktik versteht sich als Projekt einer Dialektik der Aufklärung und der aufklärerischen Moderne."[111] Didaktisch wird von Godwin Lämmermann „Kritik" als Synonym zum Begriff „Dekonstruktion" verstanden, welche damit wiederum zur Konstruktion eines neuen Verständnisses dient.

109 Lämmermann: Konstruktiv-kritische Religionsdidaktik, 30.
110 Vgl. Rolf Wiggershaus: Die Frankfurter Schule. Geschichte, Theoretische Entwicklung, Politische Bedeutung. 5. Aufl. München 1997.
111 Lämmermann: Konstruktiv-kritische Religionsdidaktik, 33.

Ziel

Ziel der konstruktiv-kritischen Perspektive ist eine „Reflexionskompetenz für jedermann“[112] – theologisch begründet durch das allgemeine Priestertum aller Getauften – wodurch eine (selbst-)kritische Religiosität ermöglich wird. Der Religionsunterricht gilt dabei als „eine Hilfe für das Werden von denk- und handlungsfähigen Subjekten“[113].

Konzeptueller Schwerpunkt

Die kritisch-konstruktive Perspektive lehnt jegliche Form von liturgischem, pneumatischen oder spirituellen Erfahrungsgewinn im Unterricht ab; sie zielt auf das Individuum als Subjekt seiner Bildung, auf die Verantwortung, Bildungsfähigkeit und Bildungswilligkeit sowie die „Realisierung der Bestimmung des Menschen“[114], wobei der Fokus darauf liegt, dass sich das Subjekt mit seiner religiösen, sozialen, medialen, kulturellen etc. Umwelt kritisch und konstruktiv beschäftigt.

Insgesamt gilt das „Primat der Lebenswelt“ gegenüber dem „Primat der Sache“, sodass die Ideologiekritik überwiegt. In zustimmender Rezeption der *Frankfurter Schule* (Theodor Adorno) bleibt es dem mündigen Subjekt übertragen, die ihm jeweils aktuell begegnende Lebenswelt als „Schein-Welt“ gewissermaßen zu „entlarven“. Die elementaren Bedürfnisse, Wünsche, Hoffnungen des Subjekts gilt es hinter dieser „Scheinwelt“ sichtbar zu machen und die – häufig medial vermittelten Konstruktionsprinzipien – dieser „Scheinwelt“ zu dechiffrieren:

> „Soll das Programm der Ideologiekritik wirklich gelingen, so muß man allerdings die Logik einer Negation gegen Negation verlassen und die Negation der Negation als bestimmter Negation [...] tatsächlich didaktisch durchbuchstabieren. Elementarisierung würde dann bedeuten, die Sehnsüchte und Wunsch-Bilder, die Mythen und Mysterien des Alltags durchsichtig zu machen, diese durch ihre Verkehrung hindurch auf die wesentlichen, fundamentalen Bedürf-

112 Ebd.
113 Ebd.
114 Ebd., 31.

nisse, Lebensimpulse, Strukturen und Prozesse zurückzuführen, die das Individuum bestimmen und in denen sich seine Subjektwerdung vollziehen könnte. Da verkehrtes Bewußtsein keine individuelle Fehlleistung, sondern ein gesellschaftliches Produkt [...] ist, wird Ideologiekritik notwendigerweise zur Gesellschaftskritik [...]. Primär ist die ideologiekritische Aufgabe religiöser Bildung durch die Analyse der Strukturen und Probleme der Lebenswelt vorbereitet, wobei nach den Bedingungen zu fragen sein wird, unter denen der Mensch zu sich kommen kann."[115]

Im Gegensatz zum Tübinger Ansatz der Elementarisierung, setzt die konstruktiv-kritische Perspektive bei den SchülerInnen an, also nicht beim Verständnis biblischer Texte, sondern beim notwendigerweise nur vorläufigen Verständnis der Lebenswelt der SchülerInnen.

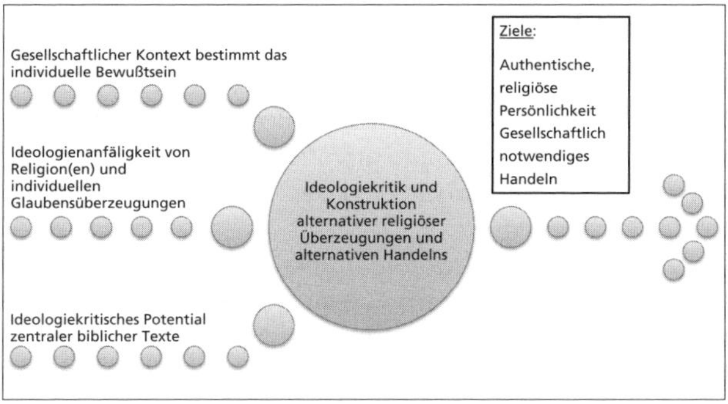

Schaubild 10: Der Ansatz der konstruktiv-kritischen Didaktik

Didaktische Prinzipien

- Aus der konstruktiv-kritischen Perspektive ergibt sich zunächst das didaktische Prinzip der Schülerorientierung. Daraus lassen sich sämtliche Formen des selbsttätigen Handelns ableiten: erfahrungsbezoge-

115 Godwin Lämmermann: Elemente religionsdidaktischer Elementarisierung. Vorschläge zu einem Elementarisierungsprozeß als Unterrichtsvorbereitung. Online verfügbar unter: http://www.philso.uni-augsburg.de/lehrstuehle/evangtheol/relpaed/mitarbeiter/laemmermann/publikationen/downloads/Elemente_religionsdidaktischer_Elementarisierung.pdf (abgerufen am 1.12.2014).

ner Unterricht, entdeckendes Lernen sowie Individualisierung, Differenzierung oder kooperatives Lernen.

- Zudem werden die didaktischen Prinzipien der Handlungs- und Produktionsorientierung, insofern sie der Förderung der Subjektbildung dienen, gefördert.
- Die didaktischen Prinzipien der Elementarisierung werden ebenfalls aufgegriffen: das Fragen nach den elementaren Erfahrungen, den elementaren Zugängen und den elementaren Wahrheiten der SchülerInnen.
- Weiterhin ist auf das medienkritische Potenzial dieses fachdidaktischen Ansatzes hinzuweisen.

Methodische Prinzipien

- Auch wenn betont wird, dass die beteiligten Personen wichtiger als die formalen Methoden sind[116], lassen sich doch sämtliche Methoden zuordnen, die sich aus der Schülerorientierung ergeben: Freiarbeit, Projektarbeit, Wochenplanarbeit, Werkstattarbeit, Stationenarbeit, Experimente, Befragungen etc.
- Methoden, die sich aus dem kommunikativen Gehalt der konstruktiv-kritischen Didaktik ergeben: Diskussionsformen, Schüler lehren Schüler, Vorstellen von Referaten, Schüler-Schüler-Unterrichtsgespräche etc.
- Methoden, die Selbstdiagnose und Selbstreflexion ermöglichen, z.B. Feedbackmethoden, Reflexionsgespräche etc.

Kompetenz

- Die SchülerInnen entwickeln nicht nur eine Dialog- und Handlungskompetenz, sondern insbesondere auch eine gesellschaftlich relevante Urteilskompetenz.
- Die SchülerInnen vermögen es, „lebensfeindliche“ von „lebensfördernden“ Formen von Religiosität zu unterscheiden.

116 Lämmermann: Konstruktiv-kritische Religionsdidaktik, 38.

- Die SchülerInnen vermögen es den gesellschaftlich bedingten Wandel religiöser Überzeugungen zu rekonstruieren und die jeweiligen Konstitutiva dieses Wandels in ihrer gegenseitigen Abhängigkeit zu analysieren bzw. sichtbar zu machen.
- Die SchülerInnen sind in der Lage, gesellschaftliche Schlüsselprobleme in theologischer Perspektive zu bedenken und sich an der Lösung dieser Schlüsselprobleme aktiv zu beteiligen bzw. sich in den Prozess der Entscheidungsfindung aktiv einzubringen.

Konkretion am Beispiel des Themas *Erlösung*

Der Vierschritt: Wahrnehmen, ideologiekritische Analyse und Reflexion, ideologiekritisches Kontrastieren, Positionieren bietet sich als praktische Vorgehensweise an. Für diesen Vierschritt sind die grundlegenden didaktischen und methodischen Prinzipien der konstruktiv-kritischen Didaktik nach Godwin Lämmermann konstitutiv.

Wahrnehmen – das Prinzip der Schülerorientierung: Ausgangspunkt der unterrichtlichen Bearbeitung sind medial vermittelte Erlösungsdarstellungen bzw. „Erlöser"-Figuren in Geschichte (z.B. Diktatoren des 20. Jahrhunderts) und Gegenwart (z.B. in der Werbung). Methodisch kann dieser Schritt z.B. durch eine angeleitete Bildanalyse (Filmanalyse) entsprechender ikonographischer Darstellungen erfolgen.

Ideologiekritische Analyse und Reflexion – das Prinzip der Ideologiekritik: In diesem für den fachdidaktischen Ansatz zentralen zweiten Schritt kann z.B. mit Hilfe einer Textarbeit nach der kontextbedingten Funktion ikonographischer Darstellungen gefragt werden und im Unterrichtsgespräch die „Scheinwelt" dieser Darstellungen erarbeitet werden. Für diesen zweiten Schritt ist weiterhin die angeleitete Erarbeitung der grundsätzlichen Ideologieanfälligkeit von Religion bzw. von Glaubenszeugnissen konstitutiv. Die Reflexion dieser Ideologieanfälligkeit vermag den SchülerInnen die Einsicht zu vermitteln, dass sie – bedingt durch ihre Lebenswelt – immer auch Zielgruppe der Ideologieproduktion und Adaption sind.

Ideologiekritisches Kontrastieren und Handeln – das Prinzip der Bibelorientierung: In diesem dritten Schritt kann den SchülerInnen die ideologiekritische Funktion und der ideologiekritische Gehalt zentraler biblischer Texte und Wahrheiten zugänglich gemacht werden. In methodischer

Perspektive bieten sich hierfür laientheologische, exegetische Ansätze der lateinamerikanischen Befreiungstheologie (Sehen – Urteilen – Handeln) an. Eine dergestaltige Bibelarbeit intendiert, die SchülerInnen nicht nur im theoretischen Reflexionsstadium verweilen zu lassen, sondern vermag es, sie zu eigenem, gesellschaftlich und kirchlich nachhaltigem „Eine-Welt"-Handeln zu motivieren (alternatives, „aufgeklärtes" Verbraucherverhalten, Lebensentwürfe und Frömmigkeitsformen).

Positionieren – das Prinzip der Schülerorientierung: Ein abschließender Schritt der Unterrichtsplanung und Unterrichtsdurchführung erlaubt es den SchülerInnen, ihre aktuelle Lebenswelt als ideologisch bestimmte „Scheinwelt" gewissermaßen „neu" zu sehen. Diese „Neu-Sicht" bzw. „Neu-Perspektive" kann im Unterricht z.B. durch das Formulieren und Gestalten individueller Glaubensbekenntnisse oder aber auch durch das gemeinsame Gestalten von Hungertüchern thematisch werden.

Chancen

- Die Chancen der konstruktiv-kritischen Religionsdidaktik liegen in der Aktualität der Themen und Methoden, die SchülerInnen zur Religionsmündigkeit befähigen können.
- Zudem ist insbesondere der Aspekt der Schülerorientierung wichtig, damit der Unterricht und die Themen interessant bleiben.
- Weiterhin ermöglicht dieser fachdidaktische Ansatz die Erschließung und unterrichtliche Bearbeitung sowohl von Themen der neueren und neuesten kirchlichen Zeitgeschichte als auch von Themen des aktuellen wirtschaftsethischen Diskurses aus theologischer und sozialwissenschaftlicher Perspektive. Weiterhin vermag es diese Perspektive, den SchülerInnen die Notwendigkeit und die Chancen eines „Eine-Welt-Denkens" und eines „Eine-Welt-Handelns" zu eröffnen und zu verdeutlichen.[117]

117 Gottfried Lämmermann bezieht sich explizit auf: Ulrich Schoenborn: Hermeneutik in der Theologie der Befreiung., Mettingen 1994.

Grenzen

- Grenzen der konstruktiv-kritischen Religionsdidaktik liegen in der neomarxistisch inspirierten Kritik an der aktuell vorfindlichen gesellschaftlichen Umwelt, Religion und Kultur. Insbesondere der formulierte, ideologische Generalverdacht hinsichtlich jeglicher religiöser Äußerung in Vergangenheit und Gegenwart erscheint wissenschaftstheoretisch und wissenschaftsmethodisch fragwürdig.
- Damit stellt diese Perspektive den Orientierungsaspekt konfessionellen Religionsunterrichts stark in den Hintergrund und eine Aufweichung des konfessionellen Religionsunterrichts scheint inhärentes Ziel der konstruktiv-kritischen Religionsdidaktik zu sein, sodass ein religionskundlicher Unterricht, dessen Übereinstimmung mit den Vorgaben des Grundgesetzes fragwürdig erscheint, möglich wird.
- Weiterhin kann dieser fachdidaktische Ansatz dahingehend befragt werden, ob und inwieweit in ihm nicht eine Auflösung von Theologie und christlichem Glauben in ein bestimmtes ethisches Modell hinein intendiert ist.

Chancen/Grenzen in inklusiven Klassen

In inklusiven Klassen ist diese Perspektive insofern wenig tragfähig, weil nicht immer von einer ideologiekritischen bzw. für Ideologiekritik offenen Schülerschaft ausgegangen werden kann, wenn sich SchülerInnen mit Förderbedarf Lernen oder Sprache in der Klasse befinden. Weiterhin erscheint der ständig notwendige Bezug auf ein metatheoretisches „Verstehen“ von Bildern, Texten und Liedern usw. häufig als Überforderung. Desgleichen gilt es zu beachten, dass SchülerInnen inklusiver Klassen häufig mit der Formulierung einer eigenen, ideologiekritisch reflektierten (z.B. an Adorno geschulten), religiösen und ethischen Position überfordert sein werden.

Eignung für folgende Schulstufen

Sek I; Sek II; BK

4.10 Fachdidaktische Ansätze in interreligiöser Perspektive

„Ich selbst plädiere für eine Verhältnisbestimmung von Christentum und Weltreligionen, die wirklich dialogisch ist: Wahrheitserfahrung und Toleranz, Identität und Verständigung sind als zwei Pole jeweils aufeinander zu beziehen. Die Wahrheitserfahrung der eigenen Tradition und die Aufgabe der Mission (d.h.: überzeugender Zeuge des eigenen Glaubens zu sein) wird nicht beiseite gelassen, aber in einen offenen Prozess eingebracht, der Toleranz und Achtung der Anderen einschließt, Lernen voneinander ermöglicht und sich bewusst ist, dass unser irdisches Wissen und Reden in irdischer Begrenzung geschieht. Gott ist letztlich immer größer als unser Verstehen, größer auch als alles, was in einer religiösen Lehre ausgedrückt werden kann. In einem geistigen und geistlichen Austausch sollten die Dialogpartner sich darum bemühen, sich authentisch einzubringen. Sie sollten versuchen, den anderen so zu verstehen, wie er selbst verstanden werden möchte. Verbindendes kann entdeckt werden, vielleicht kann man sogar voneinander lernen. Gleichzeitig gilt es, Unvereinbares zu erkennen und Fremdes wahrzunehmen und auszuhalten. Im Dialog sind die Partner auf dem Weg zueinander und miteinander. Grenzen sollten erst dann gezogen werden, wenn falsche Vorurteile ausgeräumt sind“[118]. [...]
„Als prinzipielles Anliegen hat sich dabei herausgeschält, ein möglichst zusammenhängendes Gesamtbild der verschiedenen Religionen zu vermitteln, das von ihren Anhängern als authentisches Bild, nicht als Zerrbild akzeptiert werden kann. Das schließt kritische Elemente in der Darstellung der eigenen wie auch der anderen Religionen nicht aus, sondern mit ein.“[119]

Arbeitsfragen

1. Erlaubt dieser fachdidaktische Ansatz den Lehrkräften und den SchülerInnen die Einnahme einer **Innen**- und einer **Außenperspektive**? Und kann – unter Beachtung der Innen- und der Außenperspektive – das Kennenlernen christlicher Lebenspraxis ermöglicht werden?
2. Inwiefern spiegelt dieser fachdidaktische Ansatz die gemeinsame Verantwortung von Staat und Kirche für den konfessionellen Religionsunterrich wider? Sind sowohl die **Rede über Religion** als auch die eigene Verwendung **religiöser Sprache** möglich?

118 Johannes Lähnemann: Religionsunterricht und interreligiöses Lernen, in:Theo-Web. Zeitschrift für Religionspädagogik 7 (2008), H. 2, 34–46, 39.
119 Ebd.

3. Ermöglicht der fachdidaktische Ansatz, dass zwischen **Sachverhaltsvermutungen** und **Sprechakten** unterschieden werden kann? Können daher authentische Glaubensaussagen – die auf das nach Luther Unverfügbare hinweisen – ebenso ermöglicht werden wie eine reflektierte Ablehnung des christlichen Glaubens?
4. Ermöglicht dieser fachdidaktische Ansatz die Betrachtung des **Lerngegenstands** aus verschiedenen Blickwinkeln, die Assoziierung mit anderen Wissensinhalten, kurz: die aktive Auseinandersetzung mit dem **Lerninhalt**?

Problemlage

Die Frage nach reflektierten Möglichkeiten interreligiösen Lernens im (konfessionellen) Religionsunterricht nimmt dezidiert eine Forderung des Philosophen Jürgen Habermas in gesamtgesellschaftlicher Perspektive auf. Habermas hatte ausgeführt, dass es von fundamentaler Bedeutung für die Zukunft unserer Gesellschaft sein wird, die fortschreitende Säkularisierung in eine Richtung zu steuern, in der eine ‚Übersetzung' der religiösen Traditionen und Werte in den rationalen Diskurs der offenen Gesellschaft noch möglich ist.[120]

Dieser gesamtgesellschaftlichen Reflexion korrespondiert die Weiterentwicklung des inklusivistischen religionstheologischen Ansatzes[121] hin zu einer pluralen Theologie der Religionen (John Hick, Paul Knitter). Dabei wird der christologische Vorbehalt des Inklusivismus programmatisch im religionspluralistischen Modell der „Theologie der Religionen" aufgehoben: „Nicht mehr nur der Einzelne – ob Christ oder Nicht-Christ –wird als heilsfähig geglaubt. Auch alle Religionen werden als gleich gültige Heilswege verstanden."[122] D.h. der christliche Glaube wird

120 Jürgen Habermas: Glaube und Wissen (Rede zur Verleihung des Friedenspreises des Deutschen Buchhandels 2001), online verfügbar unter: http://www.friedenspreis-des-deutschen-buchhandels.de/sixcms/media.php/1290/2001_habermas.pdf (letzter Zugriff: Juli 2014).

121 Z.B. Karl Rahner und das 2. Vatikanum mit der These, dass der Heilsuniversalismus des christlichen Glaubens Spuren der Wahrheit und des Heils auch in anderen nicht christlichen, religiösen Äußerungen zu erkennen vermag.

122 Lähnemann: Religionsunterricht und interreligiöses Lernen, 35.

als eine mögliche, aber nicht zwingend notwendige Möglichkeit der Erlangung des Heils verstanden.

Zwischen den religionstheologischen Polen „Inklusivismus“ und „Plurale Theologie der Religionen“ können die beiden aktuell grundlegenden fachdidaktischen Ansätze in interreligiöser Perspektive von Johannes Lähnemann und Stephan Leimgruber verortet werden.

Ziel

Johannes Lähnemann formuliert als grundlegendes Ziel des interreligiösen Lernens im konfessionellen Religionsunterricht die Erarbeitung, Förderung und Evokation gelebter und praktizierter Dialogfähigkeit aller Beteiligten:

> „Ich selbst plädiere für eine Verhältnisbestimmung von Christentum und Weltreligionen, die wirklich dialogisch ist: Wahrheitserfahrung und Toleranz, Identität und Verständigung sind als zwei Pole jeweils aufeinander zu beziehen. Die Wahrheitserfahrung der eigenen Tradition und die Aufgabe der Mission (d.h.: überzeugender Zeuge des eigenen Glaubens zu sein) wird nicht beiseite gelassen, aber in einen offenen Prozess eingebracht, der Toleranz und Achtung der Anderen einschließt, Lernen voneinander ermöglicht und sich bewusst ist, dass unser irdisches Wissen und Reden in irdischer Begrenzung geschieht. Gott ist letztlich immer größer als unser Verstehen, größer auch als alles, was in einer religiösen Lehre ausgedrückt werden kann.“[123]

Ein weiteres, ergänzendes, grundlegendes fachdidaktisches Ziel ergibt sich aus diesen normativen Überlegungen: Die Unterrichtsvorbereitung und Durchführung zielt auf die Vermittlung eines authentischen Bildes der Fremdreligion:

> „Als prinzipielles Anliegen hat sich dabei herausgeschält, ein möglichst zusammenhängendes Gesamtbild der verschiedenen Religionen zu vermitteln, das von ihren Anhängern als authentisches Bild, nicht als Zerrbild akzeptiert werden kann. Das schließt kritische Elemente in der Darstellung der eigenen wie auch der anderen Religionen nicht aus, sondern mit ein.“[124]

---

123 Ebd., 39.
124 Ebd.

Stephan Leimgruber setzt in seinem fachdidaktischen Ansatz differierende Akzente. Er betont:

„Interreligiöses Lernen baut auf religionswissenschaftlichen Kenntnissen auf und betont zugleich das subjektgeleitete, persönliche Lernen im Kontext einer Aneignungsdidaktik. Insgesamt steht es im Dienst einer gedeihlichen Koexistenz, eines dialogischen Zusammenlebens von Angehörigen verschiedener Kulturen und Religionen. Weil das Miteinander der Bevölkerung gefährdet ist, wird lebenslanges individuelles Lernen so wichtig.“[125]

Während bei Johannes Lähnemann eher der Vermittlungsaspekt im Fokus seines fachdidaktischen Ansatzes steht, ist für Stephan Leimgruber eine weisheitliche „Didaktik der Aneignung des Fremden“ zentraler Aspekt.

Reinhard Kirste beobachtet diesen unterschiedlichen Akzent[126] in der Ausrichtung auf eine noch auszuarbeitende „Didaktik der Weltreligionen“ richtig, wenn er über Leimgruber schreibt:

„Seine Didaktik präzisiert er allerdings nun nicht nur als eine ‚Didaktik der Weltreligionen‘, sondern macht sein ‚komparatives‘ Vorgehen zum didaktischen Strukturmuster: Da eine Religion mit einem Klangkörper vergleichbar ist, muss stets die Resonanz einer Stimme auf das Ganze erkannt werden. Lernen an Differenzen berücksichtigt die unterschiedlichen Kontexte und Voraussetzungen [...]. Andere Religionen kennenzulernen zielt nicht zuletzt auf die Entwicklung der eigenen Religiosität und auf ein Kennenlernen des Christentums gleichsam als ‚Muttersprache‘. Ein gewisses Vertrautsein mit dieser Religion macht interreligiöses Lernen als Lernen von ‚Fremdsprachen‘ erst möglich und sinnvoll“.[127]

Konzeptioneller Schwerpunkt

Beiden Ansätzen ist die Überzeugung gemeinsam, dass den Weltreligionen ein weitgehend nicht ausgeschöpftes Potenzial für die Erhaltung

125 Stephan Leimgruber: Neue Perspektiven interreligiösen Lernens, in: Stimmen der Zeit, 6/2007, S. 363–374, 363f.

126 Vgl. vor allem: Stephan Leimgruber: Interreligiöses Lernen. Neuausgabe. München 2007.

127 Vgl. die Rezension von Reinhard Kirste zum genannten Werk von Stephan Leimgruber, online verfügbar unter: http://www.rpi-virtuell.net/workspace/24686AD5-936C-476D-9EA0-65E2968590C8/rezensionen/rz-leimgruber.pdf (abgelesen am 1.12.2014).

des Weltfriedens eingeschrieben ist. Die Erhaltung und Förderung des Weltfriedens ist übergeordnetes Ziel aller religionspädagogischen Bemühungen. Diesem auch gesamtgesellschaftlich bedeutsamen Überschuss des Religiösen nähern sich Johannes Lähnemann und Stephan Leimgruber auf unterschiedliche Weise: Während Johannes Lähnemann die Vermittlung religionswissenschaftlicher und religionskundlicher Kenntnisse dem „Begegnung-Lernen“ strukturell vorordnet,[128] repräsentiert für Stephan Leimgruber „die Begegnung mit anderen Religionsvertreter/innen, aber auch mit authentischen Zeugnissen der Religionen „(…) [den] Königsweg interreligiösen Lernens. Der Dialog des Lebens hilft, bei der Fremdheit nicht stehen zu bleiben, sondern sich ansprechen und verändern zu lassen“.[129]

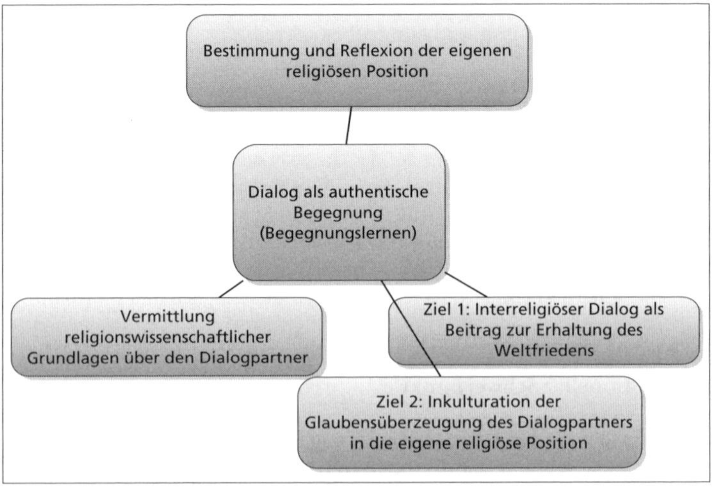

Schaubild 11: Fachdidaktische Ansätze in interreligiöser Perspektive

128 Mirjam Schambeck: Interreligiöse Kompetenz. Basiswissen für Studium, Ausbildung und Beruf. Göttingen 2013, 68.

129 Ebd., 70.

Didaktische Prinzipien

Aus beiden skizzierten fachdidaktischen Ansätzen lassen sich folgende strukturelle didaktische Prinzipien erheben:

- Das Prinzip der Schülerorientierung: Die SchülerInnen bzw. deren Voten sind als Subjekte und Konstrukteure gelebter Religiosität konstitutiv für einen gelingenden Unterrichtsprozess.

Ausgehend vom Verständnis der religiösen Identität der SchülerInnen als „autochthone Identitäten"[130] ergeben sich folgende weitere fachdidaktische Prinzipien:

- das Prinzip des exemplarischen und elementarisierenden Lernens,
- das Prinzip des biographischen Lernens,
- das Prinzip des Lernens in und durch Begegnung.

Methodische Prinzipien

- Insbesondere durch das „anamnetische Lernen" ist es für die SchülerInnen möglich, „Erinnerungen für die Gegenwart auszuloten"[131]. Dies kann in Form der Einbeziehung außerschulischer Lernorte (Kirche, Synagoge, Moschee, Tempel, kirchengeschichtlich bedeutsamen Orten) und mit Unterstützung der Sakralraumpädagogik erfolgen.
- Weiterhin kann die dialogische Begegnung mit authentischen Vertretern der entsprechen Fremdreligion als zentrales methodisches Kriterium namhaft gemacht werden. Die Begegnung, Wahrnehmung und Deutung authentischer, schriftgewordener Zeugnisse der eigenen und der Fremdreligion kann u.a. durch rezeptionsästhetische Techniken (z.B. Methoden des „Kreativen Schreibens") initiiert werden.

130 Ebd., 75.
131 Ebd., 71.

Kompetenzerwerb

Mittels der fachdidaktischen Ansätze in interreligiöser Perspektive ist es möglich, folgende für den Religionsunterricht grundlegende Kompetenzen anzubahnen, zu fördern und weiterzuentwickeln:

- Personalisationskompetenz: Die SchülerInnen werden in die Lage versetzt, ihre persönliche Glaubensüberzeugung bzw. ihr eigenes Selbst- und Weltverständnis wahrzunehmen, zum Ausdruck zu bringen und gegenüber anderen begründet zu vertreten.
- Sozialkompetenz: Die SchülerInnen sind in der Lage, die persönliche Glaubensüberzeugung des „Fremden" wahrzunehmen, dessen Ausdrucksformen zu verstehen und zu würdigen.
- Dialogkompetenz: Die SchülerInnen können sich mit anderen religiösen Überzeugungen begründet auseinandersetzen und mit Angehörigen anderer Konfessionen und Religionen respektvoll kommunizieren und in der Lösung gesamtgesellschaftlicher Problemstellungen sachgerecht kooperieren.
- Kulturelle Kompetenz: Die SchülerInnen haben die Möglichkeit, den religiös (jüdisch-christlich) begründeten Hintergrund gesellschaftlicher Traditionen und Strukturen (Begriff und Gegenstand von Toleranz, Begründung und Funktionen des Sozialstaates, Unterscheidung Werktag/Sonntag) zu erkennen und darzustellen. Gleichermaßen ermöglichen es die genannten fachdidaktischen Ansätze, die religiös motivierte Diskussion und Infrage-Stellung der genannten Traditionen und Strukturen im Unterricht thematisch werden zu lassen.

Konkretion am Beispiel des Themas *Interreligiöse Toleranz/Respekt*

Für diese beiden fachdidaktischen Ansätze bietet sich wiederum ein strukturierender Vierschritt als Planungs- und unterrichtspraktische Durchführungshilfe an: Schülerorientierung – Erhebung subjektiver, hierarchischer Wahrheiten – Lernen in der Begegnung – Chancen des individuellen, biographischen Lernens.

Das Prinzip der Schülerorientierung/Elementarisierung: Ausgangspunkt der Unterrichtsplanung ist die Erhebung, im Unterrichtsgespräch nachgefragte und individuell verdeutlichte Beschreibung und Definition des Begriffs „Respekt" (vor dem Anderen) durch die SchülerInnen. Dieser erste Schritt kann z.B. durch Mind-Mapping-Techniken initiiert werden, möglich ist auch die Erstellung von personalisierten, individuellen Steckbriefen durch die SchülerInnen.

Das Prinzip der hierarchischen Wahrheiten: Im anschließenden zweiten Schritt sind die SchülerInnen dazu angehalten, ihre subjektive Hierarchie der Wahrheit und Werte in Bezug auf den Leitbegriff „Respekt" zu formulieren, zu begründen und dialogisch im Gespräch einerseits kennenzulernen, abweichende Meinungen aber auch wertschätzend auszuhalten.

Das Prinzip des Lernens in der Begegnung: Im folgenden Schritt ist die Einbeziehung außerschulischer Lernorte strukturell sinnvoll. Die Begegnung mit einem authentischen Vertreter der jeweils anderen Religion(en) vor Ort, z.B. in einer Kirche, einer Synagoge, einer Moschee, vermag es, die SchülerInnen für das jeweils Fremde, die fremde Glaubens- und Wertorientierung zu sensibilisieren. Sinnvoll erscheinen Interviews vor Ort, aber auch eine vom authentischen Vertreter (Pfarrer/Priester, Imam, Rabbiner, Laien) mit den SchülerInnen durchgeführte, kurze Hermeneutik bzw. Homilie zum Leitbegriff „Respekt" auf der Basis von Bibel, Koran, Thora usw.

Das Prinzip des biografischen Lernens: In der Auswertung des Unterrichtsganges/der Exkursion erscheint es abschließend sinnvoll, die SchülerInnen hinsichtlich der Frage nach ihrem subjektiven Erkenntniszuwachs und ihrer (ggf. veränderten) Wertschätzung der fremden Glaubens- und Wertorientierung gegenüber ausführlich zu Wort kommen zu lassen. Ermöglicht werden kann dieser Schritt z.B. durch eine Überarbeitung des o.g. Schülersteckbriefes, einen Beitrag für die Homepage der Schule, einen entsprechenden Thread auf einer Internetplattform.

Chancen

- Die skizzierten Ansätze vermögen es, die SchülerInnen bei ihrer Identitätssuche und Identitätsfindung in einer werte- und glaubenspluralistischen Gesellschaft zu unterstützen.
- Ergänzend ist noch auf die signifikant hervortretende Anschlussfähigkeit der Ansätze von Johannes Lähnemann und Stephan Leimgruber u.a. mit dem fachdidaktischen Ansatz der Elementarisierung und der Symbolisierungs- und Zeichendidaktik hinzuweisen.

Grenzen

- Insbesondere Bernhard Dressler hatte bereits 2003 grundlegende, didaktische Anfragen an den „Mythos der Authenzität" der interreligiösen Begegnung formuliert:

„Nicht zuletzt ist die Diskussion um interreligiöses Lernen durch einen pädagogischen Mythos belastet, den Mythos der Authentizität [...]. Unter den Bedingungen schulischen Unterrichts, der aus prinzipiellen systemischen Gründen ein artifizieller Lernraum ist und mit dem wirklichen Leben selbst nicht identisch sein kann und darf, ist Authentizität immer nur in inszenatorischer Gebrochenheit denkbar."[132]

D.h., es bleibt religionspädagogisch zu fragen, ob ein dergestalt konzipierter und durchgeführter Unterricht nicht sein eigentliches Ziel bereits voraussetzt bzw. voraussetzt, was er auf Seiten der SchülerInnen eigentlich erreichen möchte: ihre Dialogfähigkeit in Sachen Religion.

- Ergänzend bleibt in allgemein religionspädagogischer Perspektive die Frage zu erörtern, ob und inwieweit die skizzierten Ansätze, die ihren Fokus eindeutig auf die etablierten Weltreligionen legen, auch der zunehmenden Diversifizierung und Uneinheitlichkeit (abseits der „großen Weltreligionen") der religiösen Landschaft gerecht zu werden vermögen.
- Ferner ist zu fragen, ob es gelingen kann, mittels der genannten Ansätze gelebten und praktizierten Glauben und dessen authentische Zeugnisse – z.B. christlicher Sondergemeinschaften (Zeugen Jehovas) bzw. synkretistischer Neuoffenbarungsreligionen (Mormonen) – sowohl theologisch als auch fachdidaktisch sachgerecht zu erschließen und zur kritischen Auseinandersetzung mit ihnen zu befähigen.
- Es erscheint sowohl theologisch[133] als auch religionspädagogisch – insbesondere in der Begegnung bzw. Auseinandersetzung mit konfliktträchtigen religiösen Überzeugungen – sinnvoll und hilfreich, die

132 Bernhard Dressler: Interreligiöses Lernen – Alter Wein in neuen Schläuchen?, in: Zeitschrift für Pädagogik und Theologie 55 (2003), 2, 113–124, 117.

133 Vgl. zum neutestamentlich begründeten und bleibenden „apologetischen" Auftrag christlicher Theologie Michael Roth: Die apologetische Aufgabe der Theologie und der Kirche, in: Dialogfähigkeit und Profil. Apologetik in biblisch-reformatorischer Orientierung, Texte aus der VELKD 129 (2004); ders.: Weltanschauungen und Religionen als Thema der theologischen Apologetik. Texte aus der VELKD 129 (2004).

genannten fachdidaktischen Ansätze um den Aspekt der Grundlegung und Förderung weltanschaulicher Orientierungskompetenz – im Sinne einer „Diakonie der Unterscheidung" – zu ergänzen.

Chancen und Grenzen im Hinblick auf inklusive Lerngruppen

Die fachdidaktischen Ansätze in interreligiöser Perspektive sind im Hinblick auf einen inklusiven Religionsunterricht partiell für die Unterrichtsplanung und Unterrichtsdurchführung sehr gut geeignet, da sich aufgrund des expliziten Biografie-Bezuges der Handlungs- und Produktionsorientierung zahlreiche Möglichkeiten zur Binnendifferenzierung eröffnen.

Grenzen des Ansatzes im Hinblick auf inklusive Lerngruppen ergeben sich insbesondere beim quantitativ umfangreichen Einsatz authentischer Zeugnisse in Textform.

Eignung für folgende Schulstufen

Sek I; Sek II

5. Übungsaufgaben für Seminararbeit und Selbststudium

Die folgenden Aufgaben finden sich auch als Arbeitsblätter zum Download unter www.v-r.de/Orientierungswissen_RU.

Sie sind jeweils ergänzt um den folgenden, selbstständig auszufüllenden Steckbrief:

Definition:

Vertreter:

Ziel:

Konzeptioneller Schwerpunkt:

Didaktische Prinzipien:

Methodische Prinzipien:

Kompetenzerwerb:

Chancen:

Grenzen:

Symboldidaktik

„Symbole sind die Sprache der Religion.“

1. Nehmen Sie Stellung zu dem Zitat und nennen Sie Beispiele zur unterrichtlichen Umsetzung.
2. Erarbeiten Sie eine Unterrichtsstunde zum Thema „Abendmahl" mit Hilfe der Symboldidaktik.
3. In Ihrer Unterrichtsplanung sollte die Methode der Bildbetrachtung einen zentralen Stellenwert einnehmen. Führen Sie in einer Vierergruppe die Methode an einer Abendmahldarstellung Ihrer Wahl durch.
4. Welche weiteren Themen können mit diesem Ansatz gut erschlossen werden?
5. Erörtern Sie Chancen und Grenzen dieses fachdidaktischen Ansatzes und der Methode.
6. Füllen Sie den Steckbrief aus.

Bildbetrachtung: Methode zur Symboldidaktik
Phase 1: Betrachten Sie das Bild mehrere Minuten in Ruhe.
Phase 2: Notieren Sie Ihre ersten Assoziationen zum Bild.
Phase 3: Analysieren Sie die Formensprache (Aufbau, Formen, Farben) des Bildes.
Phase 4: Analysieren Sie den Bildgehalt (z.B. Bezug auf Texte der Bibel, Umgang mit diesen Texten, Traditionsgeschichte des Bildgehaltes).
Phase 5: Identifikation mit dem Bild: Lassen Sie sich in das Bild hineinziehen, sich in die Geschichte verwickeln. In welcher Figur finden Sie sich am ehesten wieder? Wo würden Sie sich verorten? Was erwartet das Bild von Ihnen? Bewirkt es Einverständnis oder Irritation?[1]

1 Vgl. auch Grethlein: Methodischer Grundkurs für den Religionsunterricht, 19–23.

Symbolisierungs- und Zeichendidaktik

„Wer im Unterricht die christlichen Zeichen erschließen will, ist zugleich auch immer Deuter der Wirklichkeit und Zeuge der Wahrheit."[2]

1. Nehmen Sie Stellung zu dem Zitat und nennen Sie Beispiele zur unterrichtlichen Umsetzung.
2. Erarbeiten Sie eine Unterrichtsstunde zum Thema „Taufe" mit Hilfe der Symbolisierungs- und Zeichendidaktik.
3. In Ihrer Unterrichtsplanung sollte die Methode des „Reziproken Lesens/Lehrens" einen zentralen Stellenwert einnehmen. Führen Sie in einer Vierergruppe die Methode an einem Text Ihrer Wahl durch.
4. Welche weiteren Themen können mit diesem Ansatz gut erschlossen werden?
5. Erörtern Sie Chancen und Grenzen dieses fachdidaktischen Ansatzes und der Methode.
6. Füllen Sie den Steckbrief aus.

Reziprokes Lesen: Methode zur Symbolisierungs- und Zeichendidaktik
Vorbereitung: Bilden Sie Vierergruppen und verteilen die Aufgaben entsprechend der Rollenkarten: Moderator A–D (vgl. Arbeitskarten im digitalen Download-Material). Bilden Sie Abschnitte im biblischen Text.
Phase 1: Lesen Sie alle den Abschnitt leise durch.
Phase 2: Moderator A liest den entsprechenden Abschnitt laut vor und stellt Fragen (z.B. zu den Zeichen und Symbolen). Die anderen beantworten die Fragen.
Phase 3: Moderator B fasst den Inhalt mit eigenen Worten zusammen.
Phase 4: Moderator C fordert zur Klärung unbekannter Wörter, Zeichen und Symbole auf.
Phase 5: Moderator D vermutet, wie der Text möglicherweise weitergehen könnte (kann je nach Textart entfallen).
Die Rollenkarten werden getauscht und der nächste Textabschnitt gelesen.

2 Michael Meyer-Blanck: Vom Symbol zum Zeichen, 45.

Performative Religionsdidaktik

„Für die reflexiv-urteilsfähige Teilhabe am kulturellen Gesamtleben einer Gesellschaft ist ein Zusammenhang von Teilnahme und Beobachtung charakteristisch. Jede Teilnahme an einer kulturellen Praxis bedarf, wenn sie urteilskräftig sein soll und die Subjekte nicht gleichsam aufsaugen soll, der (Selbst-)Beobachtung, als einer gewissen Distanzierungsfähigkeit."[3]

1. Nehmen Sie Stellung zu dem Zitat und nennen Sie Beispiele zur unterrichtlichen Umsetzung.
2. Erarbeiten Sie eine Unterrichtsstunde zum Thema „Gleichnisse" mit Hilfe der Performativen Religionsdidaktik.
3. In Ihrer Unterrichtsplanung sollte die Methode des „Textheaters" einen zentralen Stellenwert einnehmen. Führen Sie in einer Kleingruppe die Methode an einem Text Ihrer Wahl durch.
4. Welche weiteren Themen können mit diesem Ansatz gut erschlossen werden?
5. Erörtern Sie Chancen und Grenzen dieses fachdidaktischen Ansatzes und der Methode.
6. Füllen Sie den Steckbrief aus.

Texttheater: Methode zur Performativen Religionsdidaktik
1. *Vorbereitung:* Suchen Sie sich einen Satz des biblischen Textes heraus, der Sie besonders anspricht.
2. *Durchführung:* In Kleingruppen gestalten Sie mithilfe dieses Satzes eine kleine Szene. Dabei dürfen Sie nur diesen Satz benutzen und den Wortlaut nicht verändern. Der Satz darf mehrmals vorkommen. Er kann als Frage, Aussage, Befehl etc. umgesetzt werden. Die Interpretation erfolgt durch Stimme, Mimik, Gestik, Wiederholungen, Modulation, Emotionen und Bewegungen. Die Gestaltung kann auch als Backgroundchor (z.B. singend) erfolgen – oder schreiend, weinend, lachend, monoton, in Form eines Raps.
Besonders spannend wird es, wenn Sie die Szene in einem anderen Raum spielen lassen (Treppenhaus, Flur etc.)
3. *Präsentation:* Stellen Sie sich gegenseitig die Darstellungen vor und besprechen Sie dann gemeinsam, welche Interpretationen Sie vorgenommen haben.[4]

3 Dressler: „Religiös reden" und „über Religion reden" lernen, 73.
4 Vgl. Hilbert Meyer, Texttheater, Oldenburg 2003.

Elementarisierung

„Von der Wortbedeutung des Begriffes ‚elementar' allein her lässt sich das Verständnis von Elementarisierung im religionsdidaktischen Zusammenhang nicht ohne Weiteres erschließen, auch wenn häufig gebrauchte Umschreibungen durchaus in die gemeinte Richtung weisen – Einfachheit, Gewissheit, Überzeugungskraft und Verständlichkeit. Schon diese Begriffe geben zu erkennen, dass es das Elementare ‚an sich' nicht geben kann. Es geht immer um das Verhältnis zwischen einem Inhalt oder Thema und bestimmten Personen, für die etwas einfach, überzeugend oder verständlich ist oder denen etwas Gewissheit schenkt."[5]

1. Nehmen Sie Stellung zu dem Zitat und nennen Sie Beispiele zur unterrichtlichen Umsetzung.
2. Erarbeiten Sie eine Unterrichtsstunde zum Thema „Vergebung" mit Hilfe der Elementarisierung.
3. In Ihrer Unterrichtsplanung sollte die Methode der „Textverdichtung" einen zentralen Stellenwert einnehmen. Führen Sie in einer Kleingruppe die Methode an einem Text oder Bild Ihrer Wahl durch.
4. Welche weiteren Themen können mit diesem Ansatz gut erschlossen werden?
5. Erörtern Sie Chancen und Grenzen dieses fachdidaktischen Ansatzes und der Methode.
6. Füllen Sie den Steckbrief aus.

Textverdichtung: Methode zur Elementarisierung
Vorbereitung: Kleingruppen von etwa fünf Studierenden arbeiten möglichst schweigend zusammen, in der Mitte liegen ca. 40 Papierstreifen.
1. Kreatives Schreiben: Betrachten Sie ein Bild (Sie können dies auch in einem Text vornehmen) mit mehreren Personen und schreiben Sie Ihre ersten Eindrücke zu einer Person des Bildes auf.
2. Text des rechten Nachbarn würdigen: Auf ein zuvor verabredetes (Klang-)Zeichen setzen sich alle auf den Platz des rechten Nachbarn. Jede/r liest den dort liegenden Text und schreibt den Satz auf einen Papierstreifen, der ihm/ihr am wichtigsten ist. Der Streifen wird mit der Schrift nach unten neben das Textblatt des Nachbarn gelegt. Sobald alle Mitglieder der Gruppe fertig sind, wird wieder rechts herum gewechselt.
3. Gestaltungs- und Präsentationsphase: Am eigenen Platz wieder angekommen, entsteht aus den notierten Sätzen ein neuer, verdichteter Text. Wiederholungen sind erwünscht und zeigen besonders aussagekräftige Sätze.

5 Friedrich Schweitzer: Elementarisierung im Kontext neuerer Entwicklungen, in: Grümme/Lenhard/Pirner: Religionsunterricht neu denken, 234.

Kindertheologie

„Das Theologisieren hilft, zwei wesentliche Ziele religiöser Bildung zu erreichen, nämlich kognitive Klarheit (also die Ordnung der religiösen Vorstellungen) und emotionale Sicherheit (d.h. die Begegnung mit Antwortmöglichkeiten auf existenzielle Fragen).“[6]

1. Nehmen Sie Stellung zu dem Zitat und nennen Sie Beispiele zur unterrichtlichen Umsetzung.
2. Erarbeiten Sie eine Unterrichtsstunde zum Thema „Gerechtigkeit" mit Hilfe der Kindertheologie.
3. In Ihrer Unterrichtsplanung sollte die Methode des „Theologisierens" einen zentralen Stellenwert einnehmen. Führen Sie in einer Kleingruppe die Methode an einem Text oder an einem Bild Ihrer Wahl durch.
4. Welche weiteren Themen können mit diesem Ansatz gut erschlossen werden?
5. Erörtern Sie Chancen und Grenzen dieses fachdidaktischen Ansatzes und der Methode.
6. Füllen Sie den Steckbrief aus.

Theologisieren: Methode zur Kindertheologie
Vorbereitung*:* Wichtig ist ein Gesprächsanlass, zum Beispiel eine Frage, ein Bild, ein Text oder ein Gedanke. Denken Sie darüber nach, welche Bedeutung das Thema für Sie persönlich hat. Setzen Sie sich dazu in einen Stuhlkreis.
1. Austausch: Tauschen Sie sich über Ihre Gedanken aus, rufen sich gegenseitig auf und visualisieren Sie Ihre Gedanken auf A4-Blättern.
2. Sortieren der Gedanken: Legen Sie die Blätter auf den Boden in die Mitte und sortieren bzw. strukturieren Sie Ihre verschiedenen Assoziationen. Suchen Sie nach Gemeinsamkeiten und Unterschieden.
3. Weiterarbeit: Überlegen Sie, wie Sie gemeinsam weiterarbeiten könnten, zum Beispiel in einem Projekt. Erarbeiten Sie weitere Fragestellungen, lesen Sie einen passenden biblischen Text etc.

6 Annike Reiß/Petra Freudenberger-Lötz: Didaktik des Theologisierens mit Kindern und Jugendlichen, in: Grümme/Lenhard/Pirner (Hrsg.): Religionsunterricht neu denken, 133.

Jugendtheologie

„Wo immer wieder über den abnehmenden persönlichen Bezug zu den Inhalten des Religionsunterrichts seitens der Schülerinnen und Schüler sowie über ihr Desinteresse geklagt wird, besteht in solchen Situationen die Möglichkeit, authentisches Interesse wertzuschätzen, zu fördern und sich gemeinsam mit den Schülerinnen und Schülern auf die Suche nach Antworten zu begeben."[7]

1. Nehmen Sie Stellung zu dem Zitat und nennen Sie Beispiele zur unterrichtlichen Umsetzung.
2. Erarbeiten Sie eine Unterrichtsstunde zum Thema „Engel" mithilfe der Jugendtheologie.
3. In Ihrer Unterrichtsplanung sollte die Methode der „Viagese" einen zentralen Stellenwert einnehmen. Führen Sie in einer Kleingruppe die Methode an einem Text Ihrer Wahl durch.
4. Welche weiteren Themen können mit diesem Ansatz gut erschlossen werden?
5. Erörtern Sie Chancen und Grenzen dieses fachdidaktischen Ansatzes und der Methode.
6. Füllen Sie den Steckbrief aus.

Viagese („In den Text hineingehen"): Methode zur Jugendtheologie
Vorbereitung: Die Arbeitsgruppe wählt eine Leitung. Er/Sie legt auf dem Boden DIN-A4-Blätter mit einem biblischen Text (ein Satz oder Sinnabschnitt pro Blatt) aus. Sie bilden gemäß Textverlauf einen Weg im Raum.
1. Gehen: Die Gruppe geht zunächst gemeinsam den Weg ab. Der Text wird von einer Person laut vorgelesen.
2. Stehenbleiben: Alle sind eingeladen, in den Text „hineinzugehen" und bei dem Satz oder Vers stehenzubleiben, der in diesem Moment am meisten anspricht.
3. Gespräch: Der/die LeiterIn geht zu jeder/jedem Einzelnen und befragt ihn/sie nach seiner/ihrer Wahl.
4. Laientheologische Auslegung: Eine moderierte Gesprächsrunde schließt die Bibelarbeit ab und erarbeitet ein schriftlich fixierbares gemeinsamen Verständnis der Verse.
5. Vergleich: Diese Viagese wird mit Darstellungen und Interpretationen wissenschaftlicher Theologie hinsichtlich eines möglichen Lernens, eines möglichen Erkenntnisgewinns verglichen.

7 Petra Freudenberger-Lötz: Theologische Gespräche mit Jugendlichen. Erfahrungen – Beispiele – Anregungen. München/Stuttgart 2012, 7.

Bibeltheologische Didaktik

„Der bibeltheologischen Didaktik geht es gerade darum, diese Bezogenheit und die Bewegungen zwischen Textwelt und Leserwelt einzuholen. Was verändert sich durch die Begegnung mit dem Text aufseiten des Lesers und seiner Absichten und aufseiten des Textes und seiner Sinngestalten? Und selbst dort, wo alles gleich bleibt, ist es interessant zu fragen, warum das so ist."[8]

1. Nehmen Sie Stellung zu dem Zitat und nennen Sie Beispiele zur unterrichtlichen Umsetzung.
2. Erarbeiten Sie eine Unterrichtsstunde zum Thema „Der barmherzige Samariter" mit Hilfe der bibeltheologischen Didaktik.
3. In Ihrer Unterrichtsplanung sollte die Methode des „Bibliologs" einen zentralen Stellenwert einnehmen. Führen Sie in einer Kleingruppe die Methode an einem Text oder Bild Ihrer Wahl durch.
4. Welche weiteren Themen können mit diesem Ansatz gut erschlossen werden?
5. Erörtern Sie Chancen und Grenzen dieses fachdidaktischen Ansatzes und der Methode.
6. Füllen Sie den Steckbrief aus.

Bibliolog: Methode zur bibeltheologischen Didaktik
Vorbereitung: Ein Gruppenmitglied hat einen Bibeltext vorbereitet und an zwei bis vier Stellen, an denen die Hauptpersonen handeln oder nachdenken, „Shifts" (Unterbrechungen) markiert.
1. Vorlesen: Der Bibeltext wird bis zur ersten markierten Stelle vorgelesen. Manchmal ist zuvor eine erläuternde Einführung sinnvoll (z.B. zur Geographie, zur Zeit, zum Umfeld, …).
2. Identifizierung: Alle sind eingeladen, sich mit der biblischen Gestalt zu identifizieren und in „Ich-Form" deren Gedanken zu formulieren (z.B. „Ich bin der Bruder des verlorenen Sohns und ziemlich wütend auf meinen Bruder und auf meinen Vater ..."). Sie können den Text auf Ihren Alltag übertragen oder Ihre Gedanken in die Welt des Textes einbringen. Wichtig: Auch das Zuhören ist eine aktive Aufgabe.
3. Echoing: Der/die VorleserIn fasst die jeweiligen Gedanken in eigenen Worten zusammen und vergewissert sich, ob sie/er alles richtig verstanden hat.
4. Vorlesen: Sind alle „Shifts" erarbeitet, wird bis zum Ende gelesen und über den Prozess reflektiert.

8 Schambeck: Bibeltheologische Didaktik, in: Zimmermann/Zimmermann, 444.
9 Vgl. Uta Pohl-Patalong: Bibliolog. Gemeinsam die Bibel entdecken – im Gottesdienst – in der Gemeinde – in der Schule, Stuttgart 2007.

Korrelative fachdidaktische Ansätze

Die Alteritätsorientierte Didaktik „basiert auf einem Erfahrungsbegriff, der sich gleichermaßen am Subjekt wie an der biblischen Botschaft ausrichtet. [...] Biblisch und theologisch gesprochen: er will sich offen halten für die im Umgang mit dem Anderen geschehene Begegnung mit dem unbedingten Anderen, mit Gott, von man sich das befreiende, rettende, liebende, aber auch orientierende und Umkehr provozierende Wort erhofft und von dem der Mensch je vorgängig beschenkt lebt.“[10]

1. Nehmen Sie Stellung zu dem Zitat und nennen Sie Beispiele zur unterrichtlichen Umsetzung.
2. Erarbeiten Sie eine Unterrichtsstunde zum Thema „Goldene Regel" mit Hilfe eines korrelativen fachdidaktischen Ansatzes.
3. In Ihrer Unterrichtsplanung sollte die Methode des „Gefühlsbarometers" einen zentralen Stellenwert einnehmen. Führen Sie in einer Kleingruppe die Methode an einem Text oder Bild Ihrer Wahl durch.
4. Welche weiteren Themen können mit diesem Ansatz gut erschlossen werden?
5. Erörtern Sie Chancen und Grenzen dieser fachdidaktischen Ansätze und der Methode.
6. Füllen Sie den Steckbrief aus.

Gefühlsbarometer: Methode eines korrelativen fachdidaktischen Ansatzes
Vorbereitung: Lesen Sie den biblischen Text und notieren Sie sich die Gefühle der Personen.
1. Koordinatensystem: Zeichnen Sie ein Koordinatensystem für jede Person: Die senkrechte Achse markiert die Gefühle, die waagerechte den Verlauf der Geschichte.
2. Gefühle der Personen: Weisen Sie jedem Gefühl eine Farbe zu und zeichnen Sie die Linien ein. Sie zeigen die Veränderungen der Gefühle der Personen auf.
3. Verortung: Verorten Sie sich selbst in einem Gefühlsbarometer, in dem Sie eintragen, welche Gefühle Sie bei den unterschiedlichen Situationen der Geschichte hatten. Entdecken Sie Ähnlichkeiten mit den Linienverläufen einer Person der biblischen Geschichte? Was erstaunt Sie? Was irritiert Sie?
4. Präsentation: Vergleichen Sie die Linien der biblischen Personen (nicht Ihre eigenen) und überlegen Sie, warum sich deren Gefühle verändert haben.

10 Bernhard Grümme: Alteritätsorientierte Religionsdidaktik, 119.

Konstruktiv-kritische Perspektive

„In der Konsequenz eines Primates der Didaktik liegt u.a. die Vorordnung der Ziel- vor den Inhaltsbestimmungen. Elementarisierung als Unterrichtsvorbereitung ist deshalb als genuin religionsdidaktische Strategie zur Lernzielfindung unter einem konstitutiven ideologiekritischen Bezug auf die Erziehungswirklichkeit zu verstehen. Erst daraus resultiert die theologische Sachanalyse.“[11]

1. Nehmen Sie Stellung zu dem Zitat und nennen Sie Beispiele zur unterrichtlichen Umsetzung.
2. Erarbeiten Sie eine Unterrichtsstunde zum Thema „Nächstenliebe" mit Hilfe der konstruktiv-kritischen Perspektive.
3. In Ihrer Unterrichtsplanung sollte die Methode der „befreiungstheologischen Trias" einen zentralen Stellenwert einnehmen. Führen Sie in einer Kleingruppe die Methode an einem Text oder Bild Ihrer Wahl durch.
4. Welche weiteren Themen können mit diesem Ansatz gut erschlossen werden?
5. Erörtern Sie Chancen und Grenzen dieses fachdidaktischen Ansatzes und der Methode.
6. Füllen Sie den Steckbrief aus.

Die befreiungstheologische Trias Sehen – Urteilen – Handeln: Methode zur konstruktiv-kritischen Didaktik
1. Sehen: Sammeln Sie aktuelle Beispiele zum Thema „Begierden“ in der Werbung. Untersuchen Sie anschließend diese Beispiele hinsichtlich der Frage, welche Begierden beim Verbraucher geweckt werden sollen bzw. wodurch diese Begierden (vermeintlich) befriedigt werden können.
2. Urteilen: Reflektieren Sie kritisch das durch diese Beispiele intendierte Verbraucherverhalten auf der Grundlage von Mt. 25,40 („Was ihr für einen meiner geringsten Brüder getan habt, das habt ihr mir getan“) aus der Sicht der Produzenten der Güter zur Bedürfnisbefriedigung.
3. Handeln: Entwickeln Sie alternative Handlungsoptionen, die die Bedürfnisse der Produzenten aus dem Impetus des biblischen Textes heraus in den Blick nehmen.

11 Lämmermann: Elemente religionsdidaktischer Elementarisierung. (abgerufen am 1.12.2014)

Fachdidaktische Ansätze in interreligiöser Perspektive

„In einer pluralen und globalisierten Gesellschaft rücken die Religionen wieder vermehrt ins Zentrum öffentlicher Aufmerksamkeit. Angesichts der Vielschichtigkeit und Ambivalenz des Religiösen, das Orientierung für das Leben bieten will, aber vereinzelt auch zerstörerische Formen annehmen kann, erhält die Frage nach dem vernünftigen Ausweis des Geltungsanspruches von Religionen neues Gewicht. Der immer wieder erhobene Vorwurf, Religionen würden aufgrund ihrer unvereinbaren Absolutheitsansprüche in einem latent gewaltförmigen Verhältnis zueinander stehen, ließe sich nur entkräften, wenn die Vielfalt der Religionen als Wert begriffen werden könnte, ohne die eigenen Wahrheitsansprüche in unzulässiger Weise relativieren oder gar preisgeben zu müssen."[12]

1. Nehmen Sie Stellung zu dem Zitat und nennen Sie Beispiele zur unterrichtlichen Umsetzung.
2. Erarbeiten Sie eine Unterrichtsstunde zum Thema „Gebet" mit Hilfe der fachdidaktischen Ansätze in interreligiöser Perspektive.
3. In Ihrer Unterrichtsplanung sollte die Methode des „Lernens an außerschulischen Lernorten" einen zentralen Stellenwert einnehmen. Führen Sie diese Methode in ihrer Kleingruppe durch.
4. Welche weiteren Themen können mit diesem Ansatz gut erschlossen werden?
5. Erörtern Sie Chancen und Grenzen dieses fachdidaktischen Ansatzes und der Methode.
6. Füllen Sie den Steckbrief aus.

Das Lernen an außerschulischen Lernorten: Methode der fachdidaktischen Ansätze in interreligiöser Perspektive
Ausgangsfrage: Welchen Stellenwert hat das Gebet in Judentum/Islam?
1. Planung: Nehmen Sie am Freitagsgebet in einer Moschee, dem Sabbat-Gottesdienst in einer Synagoge teil.
2. Beobachtungsaufträge: Umfeld, Verhalten, Dauer, Funktion …
3. Reflexion: Formulieren Sie möglichst zeitnah Ihre Eindrücke und vergleichen Sie sie mit den Aussagen der Fachliteratur.
4. Vergleich: Vergleichen Sie zentrale Gebete der monotheistischen Weltreligionen thematisch (Gottesbild, Klage, Lob, Dank, Erlösung).
5. Positionierung: Begründen Sie, ob und ggf. inwiefern das gemeinsame Gebet der drei monotheistischen Weltreligionen möglich/sinnvoll ist.

12 http://www.stimmen-der-zeit.de/zeitschrift/archiv/beitrag_details?k_beitrag=3610730

6. Literatur

Adam, Gottfried/Rainer Lachmann (Hrsg.): Methodisches Kompendium für den Religionsunterricht 1. Basisband, Göttingen [5]2010

–: Methodisches Kompendium für den Religionsunterricht 2. Aufbaukurs, Göttingen [3]2010

Bahr, Matthias/Mirjam Schambeck (Hrsg.): Subjektwerdung und religiöses Lernen. Für eine Religionspädagogik, die den Menschen ernst nimmt, München 2005, 124–134

Bauer, Walter: Rechtgläubigkeit und Ketzerei im ältesten Christentum, Tübingen 1934

Bibelarbeit konkret (Arbeitshilfen 1), Köln 2008, online verfügbar unter: https://www.erzbistum-koeln.de/kirche_vor_ort/service_pfarrgemeinden/kita/kita_downloads/Arbeitshilfen_und_Broschueren/bibelkonkret_gesamt_5000003841.pdf

Biehl, Peter: Die Chancen der Symboldidaktik nicht verspielen. Kritische Symbolkunde im Religionsunterricht, in: Religion heute 3/1986, 168–173

– /Martin Rothgangel: Hat die Rede von Konzeptionen noch ihr Recht?, in: Horst Rupp/Reinhard Wunderlich/Manfred L. Pirner (Hrsg.): Denk-Würdige Stationen der Religionspädagogik, Jena 2005, 427–442

Bromme, Rainer: Kompetenzen, Funktionen und unterrichtliches Handeln des Lehrers, in: Franz E. Weinert (Hrsg.): Psychologie des Unterrichts und der Schule. Enzyklopädie der Psychologie Serie I, Bd. 3, Göttingen 1997, 177–212

Bucher, Anton A.: Kindertheologie: Provokation? Romantizismus? Neues Paradigma? In: ders. u.a. (Hrsg.): „Mittendrin ist Gott". Kinder denken nach über Gott, Leben und Tod, in: JBKTh 1 (2002), 9–27

Büttner, Gerhard: Die Kindertheologie und die Theologie, in: JBKTh 11 (2012), 11f.

Dieterich, Veit-Jakobus (Hrsg.): Theologisieren mit Jugendlichen. Ein Programm für Schule und Kirche, Stuttgart 2012

Dittmer, Johannes: Zur Bedeutung von „Kirche und Bekenntnis" für das ev. Kirchenrecht. Zur Bedeutung des Kirchenverständnisses für Organisation und Selbstverständnis der Union Evangelischer Kirchen (UEK) als Kirchenbund in Deutschland in historischer und systematischer Hinsicht. Working-Paper 1/08, online verfügbar unter: http://www.ekd.de/kirchenrechtliches_institut/download/HIEK2_Dittmer.pdf (abgerufen am 27.03.2014)

Dohmen, Christoph: Der biblische Kanon in der Diskussion, in: ThRv 6 (1995), 451–460

Dressler, Bernhard: Darstellung und Mitteilung. Religionsdidaktik nach dem Traditionsabbruch, in: rhs 45 (2002), Heft 1, S.11–19

–: Interreligiöses Lernen – Alter Wein in neuen Schläuchen?, in: Zeitschrift für Pädagogik und Theologie 55 (2003), Heft 2, S. 113–124

–: Inkonsistenz und Authentizität. Ein neues religiöses Bildungsdilemma? Bildungstheoretische Überlegungen zu Armin Nassehis religionsoziologischen Beobachtungen, in: Zeitschrift für Pädagogik und Theologie 64 (2012) 2, S. 121–135

–: Zur Kritik der „ Kinder- und Jugendtheologie“, in: Zeitschrift für Theologie und Kirche, 111, (2014), Heft 3, 332-356

Englert, Rudolf: Bloß Moden oder mehr? Ein systematischer Überblick über die Konzeptionen des Religionsunterrichts der vergangenen Jahre, in: KatBl 136 (2011), 296–303

–: Die Korrelationsdidaktik am Ausgang ihrer Epoche. Plädoyer für einen ehrenhaften Abgang, in: Georg Hilger/George Reilly (Hrsg.): Religionsunterricht im Abseits? Das Spannungsfeld Jugend – Schule – Religion, München 1993, 97–110

Entschluss des Rates der Evangelischen Kirche in Deutschland zum Religionsunterricht in der Sekundarstufe II vom 19. Oktober 1974, in: Kirchenamt der EKD (Hrsg.): Bildung und Erziehung. Die Denkschriften der Evangelischen Kirche in Deutschland Band 4/1, Gütersloh 1987, 89ff.

Faulstich, Werner: Grundkurs Filmanalyse, Göttingen ^{2}2008

Freudenberger-Lötz, Petra: Theologische Gespräche mit Kindern. Untersuchungen zur Professionalisierung Studierender und Anstöße zu forschendem Lernen im Religionsunterricht. Stuttgart 2007

–: Theologische Gespräche mit Jugendlichen. Erfahrungen – Beispiele – Anregungen. München/Stuttgart 2012

Friedrichs, Lutz: Produktive Irritationen. Eric-Emmanuel Schmitts Bestseller „Oscar und die Dame in Rosa“ religionspädagogisch und homiletisch gesehen, in: Pastoraltheologie Heft 10 (2011), 490–502

Gemeinsame Synode der Bistümer in der Bundesrepublik Deutschland. Offizielle Gesamtausgabe, Bd. 1, Freiburg im Breisgau/Basel/Wien 1976

Görnitz-Rückert, Sebastian: Anders als es scheint. *Matrix* als Paradigma gegenwärtiger Jugendreligiosität, in: Martin Laube (Hrsg.): Himmel – Hölle – Hollywood. Religiöse Valenzen im Film der Gegenwart (Symbol – Mythos – Medien, hrsg. von Klaas Huizing/Michael Meyer-Blanck/Hermann Timm, Bd. 1), Münster 2002, 143–167

Grethlein, Christian: Methodischer Grundkurs für den Religionsunterricht. Kurze Darstellung der 20 wichtigsten Methoden im Religionsunterricht der Sekundarstufe 1 und 2, Leipzig ^{2}2007

–: Fachdidaktik Religion. Evangelischer Religionsunterricht in Studium und Praxis, Göttingen 2008

Habermas, Jürgen: Glaube und Wissen (Rede zur Verleihung des Friedenspreises des Deutschen Buchhandels 2001), online verfügbar unter: http://www.friedenspreis-des-deutschen-buchhandels.de/sixcms/media.php/1290/2001_habermas.pdf (letzter Zugriff: Juli 2014)

Halbfas, Hubertus: Das Dritte Auge. Religionsdidaktische Anstöße, Düsseldorf [3]1987

–: Religionsunterricht nach dem Glaubensverlust, Ostfildern 2012

Hilger, Georg: Korrelationen entdecken und deuten, in: Ders. /Stephan Leimgruber/ Hans-Georg Ziebertz (Hrsg.): Religionsdidaktik. Ein Leitfaden für Studium, Ausbildung und Beruf, München 2010, 344–354

Husmann, Bärbel: Bibel und performative Didaktik, in: Mirjam Zimmermann/Ruben Zimmermann (Hrsg.): Handbuch Bibeldidaktik, Tübingen 2013, 434–439

Identität und Verständigung. Standort und Perspektiven des Religionsunterrichts in der Pluralität, Denkschrift der EKD 136, 1994

Jank, Werner/Hilbert Meyer: Didaktische Modelle, Berlin [9]2009

Kalloch, Christina/Stephan Leimgruber/Ulrich Schwab: Lehrbuch der Religionsdidaktik. Für Studium und Praxis in Ökumenischer Perspektive, Freiburg im Breisgau 2009

Kirste, Reinhard: Rezension zu: Stephan Leimgruber: Interreligiöses Lernen. Neuausgabe. München 2007, online verfügbar unter: http://www.rpi-virtuell.net/workspace/24686AD5-936C-476D-9EA0-65E2968590C8/rezensionen/rz-leimgruber.pdf (abgerufen am 1.12.2014)

Kropač, Ulrich: Dekonstruktionen: ein neuer religionspädagogischer Schlüsselbegriff? Ein Beitrag zur Diskussion um das Korrelationsprinzip, in: RpB 48 (2002), 3–18

–: „Da rang mit Jakob ein Mann ..." Skizze einer dekonstruktiven Bibeldidaktik, in: Matthias Bahr/Mirjam Schambeck (Hrsg.): Subjektwerdung und religiöses Lernen. Für eine Religionspädagogik, die den Menschen ernst nimmt, München 2005, 124–134

Kunstmann, Joachim: Religionspädagogik. Eine Einführung, Tübingen/Basel 2004

Kraft, Friedhelm: Theologische Gespräche mit Kindern und Jugendlichen, in: Loccumer Pelikan 4 (2012), 153–157

– /Martin Schreiner: Zehn Thesen zum didaktisch-methodischen Ansatz der Kindertheologie, in: Theo-Web. Zeitschrift für Religionspädagogik 6 (2007), Heft 1, 21–24

Lähnemann, Johannes: Religionsunterricht und interreligiöses Lernen, in: Theo-Web. Zeitschrift für Religionspädagogik 7 (2008), H. 2, 34–46

Lämmermann, Godwin: Elemente religionsdidaktischer Elementarisierung. Vorschläge zu einem Elementarisierungsprozeß als Unterrichtsvorbereitung. Online verfügbar unter: http://www.philso.uni-augsburg.de/lehrstuehle/evangtheol/relpaed/mitarbeiter/laemmermann/publikationen/downloads/Elemente_religionsdidaktischer_Elementarisierung.pdf (abgerufen am 1.12.2014)

Landeskirchenamt der EKD (Hrsg.), Das Zusammenwirken von Landeskirchen und Theologischen Fakultäten in Deutschland. Empfehlungen, Hannover 2008

Leimgruber, Stephan: Neue Perspektiven interreligiösen Lernens, in: Stimmen der Zeit, (6/2007), S. 363–374

–: Interreligiöses Lernen., München, ^{3}2012

Lott, Jürgen (Hrsg.): Religion – warum und wozu in der Schule? Weinheim 1992Mahling, Robert: Symboldidaktik und Zeichendidaktik zwischen Metaphysik und Moderne. Eine Debatte in der evangelischen Religionspädagogik, Jena 2010

Mertens, Ekkehard/Helmut Schreier (Hrsg.): Philosophieren mit Schulkindern, Heinsberg 1994

Meyer, Hilbert: Unterrichtsmethoden I. Theorieband, Berlin 2013.

Meyer-Blanck, Michael: Vom Symbol zum Zeichen. Plädoyer für eine semiotische Revision der Symboldidaktik, in: Bernhard Dressler (Hrsg.): Symbole und Metaphern – Beiträge zu einer kritischen Bestandsaufnahme der Symboldidaktik (Arbeitshilfen Gymnasium). Loccum 1995, 22–30

–: Vom Symbol zum Zeichen. Symboldidaktik und Semiotik, Rheinbach ^{2}2002

MSW NRW (Hrsg.): Richtlinien und Lehrpläne für die Grundschule in Nordrhein-Westfalen, Düsseldorf 2008

Nassehi, Armin: Erstaunliche religiöse Kompetenz. Qualitative Ergebnisse des Religionsmonitors, in: Bertelsmann Stiftung (Hg.): Religionsmonitor 2008, Gütersloh 2007, S. 113–132

Oebecke, Janbernd: Reichweite und Voraussetzungen der grundgesetzlichen Garantie des Religionsunterrichts, in: Deutsches Verwaltungsblatt 111 (1996), 336–344

Roth, Michael: Die apologetische Aufgabe der Theologie und der Kirche, in: Dialogfähigkeit und Profil. Apologetik in biblisch-reformatorischer Orientierung. Texte aus der VELKD 129 (2004)

–: Weltanschauungen und Religionen als Thema der theologischen Apologetik. Texte aus der VELKD 129 (2004)

Pfister, Stefanie: Religion an Realschulen. Eine historisch-religionspädagogische Studie zum mittleren Schulwesen (APrTh, Bd. 59), Leipzig 2015, 58

Porzelt, Burkhard: Grundlinien biblischer Didaktik, Bad Heilbrunn 2012

Prokopf, Andreas/Hans-Georg Ziebertz: Abduktive Korrelation – eine Neuorientierung für die Korrelationsdidaktik? RpB 44 (2000), 19–50

Rahner, Karl: Grundkurs des Glaubens, Freiburg 1976

Reuter, Ingo: Religionspädagogik und populäre Bilderwelten. Grundlagen – Analysen – Konkretionen, Jena 2008, 225–240

Rupp, Hartmut: Theologisieren mit Jugendlichen (Vortrag PTZ Stuttgart 28.01.2008), online verfügbar unter: http://www.rpi-baden.de/html/aktuell/aktuell_u.html?t=&&cataktuell=&m=10166&artikel=4023&stichwort_aktuell=&default=true (abgelesen am 6.10.2014)

Ruster, Thomas: Die Welt verstehen „gemäß den Schriften". Religionsunterricht als Einführung in das biblische Wirklichkeitsverständnis , in: rhs 45 (2002), 189–203

Saß, Marcell: „Maria war die Frau von Jesus?" Chancen und Grenzen kindertheologischer Zugänge, in: JBKTh 10, (2011), 133–152

–: Von der Kindertheologie zur Jugendtheologie. Offene Fragen an einen aktuellen religionspädagogischen Diskurs, in: Loccumer Pelikan 4/2012 , online verfügbar unter: http://www.rpi-loccum.de/material/aufsaetze/theo_sass (abgerufen am 6.10.2014)

Schambeck, Mirjam: Bibeltheologische Didaktik, Göttingen 2009

–: Interreligiöse Kompetenz. Basiswissen für Studium, Ausbildung und Beruf, Göttingen 2013

–: Bibeltheologische Didaktik, in: Mirjam Zimmermann/Ruben Zimmermann (Hrsg.): Handbuch Bibeldidaktik, Tübingen 2013, S.439–446

Schlag, Thomas/Friedrich Schweitzer: Brauchen Jugendliche Theologie? Jugendtheologie als Herausforderung und didaktische Perspektive, Neukirchen 2011

Schillebeeckx, Edward: Erfahrung aus Glauben. Edward Schillebeeckx–Lesebuch, Freiburg 1984

Schluß, Henning: Kindertheologische Differenzierungen – Zwei Fragen zur Kindertheologie, in: JBKTh 7 (2007), 21–24

Schoenborn, Ulrich: Hermeneutik in der Theologie der Befreiung, Mettingen 1994

Schmitt, Eric-Emmanuel: Oskar und die Dame in Rosa, Frankfurt/M. [12]2014

Schröder, Bernd: Religionspädagogik, Tübingen 2012

Schweitzer, Friedrich: Elementarisierung im Religionsunterricht. Erfahrungen, Perspektiven, Beispiele, Neukirchen Vluyn 2003

–: Was ist und wozu Kindertheologie?, in: JBKTh 2 (2003), 9–18

Shulman, Lee S.: The wisdom of Practice, Essays on teaching, learning, and learning to teach, San Francisco 2004

Szagun, Anna-Katharina: Dem Sprachlosen Sprache verleihen. Rostocker Langzeitstudie zu Gottesverständnis und Gottesbeziehung von Kindern, die in mehrheitlich konfessionslosem Kontext aufwachsen (Reihe: Kinder erleben Theologie, Bd. 1, hrsg. von Anna-Katharina Szagun und Klaus Kießling), Jena 2006

–: Glaubenswege begleiten – Neue Praxis religiösen Lernens, Hannover 2013

Tillich, Paul: Systematische Theologie, 3 Bände, Stuttgart 1955/58/66

Wiggershaus, Rolf: Die Frankfurter Schule. Geschichte, Theoretische Entwicklung, Politische Bedeutung, München ^{5}1997

Wirsching, Johannes: Kirche und Pseudokirche. Konturen d. Häresie, Göttingen 1990

Zentralstelle Bildung der Deutschen Bischofskonferenz (Hrsg.): Zielfelderplan für den kath. Religionsunterricht an der Grundschule, 1977

Zimmermann, Mirjam: Planung von Religionsunterricht. Vorarbeiten, Unterrichtsentwurf, Evaluation, online verfügbar unter: http://www.uni-bielefeld.de/theologie/lehre/Zimmermann-2006-Planung_Religionsunterricht.pdf (abgerufen am 25.03.2014)

–: Planung von Religionsunterricht in der Oberstufe, in: Gottfried Adam/Martin Rothgangel/Michael Wermke: Kompendium für den Religionsunterricht in der Sekundarstufe II. Göttingen 2006, 413–436

–: Kindertheologie als theologische Kompetenz von Kindern. Grundlagen, Methodik und Ziel kindertheologischer Forschung am Beispiel der Deutung des Todes Jesu. Neukirchen-Vluyn 2010, 112–115

Zimmermann, Mirjam/Ruben Zimmermann (Hrsg.): Handbuch Bibeldidaktik, Tübingen 2013